障害児・者の原初的自己の発達と統合に向けた心理的援助

石 倉 健 二 著

風 間 書 房

はじめに

　筆者はこれまで、脳性麻痺や自閉症、知的障害の子どもや成人、脳卒中後遺症や認知症の人や高齢者を対象にした心理臨床、福祉臨床、リハビリテーションに携わってきた。こうしたの障害のある方たちは、それぞれの年齢、障害の状態や程度、生活している環境や社会的な状況は様々に異なり、必要な支援や援助の具体的な方法も異なる。

　その一方で、障害の種別や年齢を問わず「身体の動き」がしっかりしてくると、「生きいき」としてくる姿をたくさん経験してきた。ここで言う「身体の動き」がしっかりするとは、自分の身体感覚に注意を向けるようになったり、能動的に身体を動かそうとしたりすることであり、「生きいき」してくるとは情緒的・行動的な安定が得られたり、自己評価が改善したり、他者への自発的な関わりや相互的な対人関係がみられるということである。臨床で経験したこうした事例の幾つかは、事例研究や事例報告の形で文章化してきたが、このような変化について系統的に説明できる考え方を得ることはこれまでなかった。そこで今回、改めてこうした様々なケースでみられた変化やそれを導いた援助を説明できる考え方について、「身体」を視点の中心に置いた心理学的な検討をしたいと考えた。

　身体についての心理学は、伝統的に身体像や身体図式の文脈で研究が行われてきている。身体像や身体図式の研究は非常に興味深い知見を提供してくれるものの、イメージあるいはシェーマについての障害の有無とその背景や、あるいはその障害が与える影響についての論議が中心である。そのため、身体像や身体図式の形成論が十分とは言いがたく、また障害の有無といった単一の段階のものとして語られる傾向にある。一方でP.ロッシャやJ.バターワースといった発達心理学者らは、U.ナイサーやJ.ギブソンらの知覚理論を背景にしながら、自己の形成や自己・他者理解の発達に「身体」や「運

動」「知覚」の果たす役割について、豊富な実験をもとに整理を行っている。例えば自己探索運動は自己身体についての理解につながり、また自らの身体運動によって外界にある物の状態が変化することは、自らが外界に影響を与えることのできる存在であることについての理解につながる。環境中にある他のモノ（物や他者）とは異なる独自の存在としての「自己」への気づきや理解は、すべて身体の動きが基盤となっているというのである。またさらに、能動性や随伴性などによって特徴づけられる他者との相互交渉から、物とは違う特徴をもった他者についての気づきや理解が、他者の意図についての理解や三項関係につながる。このように、原初的な「自己」の形成には身体の動きが大きな役割を果たし、それが他者意図理解や三項関係へと展開していくという説明は、乳児発達の問題にとどまらないと考えている。すなわち、筆者が関わってきた多くのケースで、「身体の動き」がしっかりしてくることで「生きいき」としてきた姿は、こうした身体の動きを基盤とした自己の形成や他者理解という文脈で多くが説明可能であると思われる。さらに重症心身障害と呼ばれる人達のわずかな身体の動きの中にこうした原初的な「自己」を見出すことで、彼らの発達的な道筋とそのための援助が見えてくると考えた。

　今回はP. ロッシャの著作を下敷きに、「自己」の発達の道程をなぞりながら、肢体不自由児者、自閉症児、認知症者における「自己」の発達と統合の過程とその援助について考察を試みたものである。

　なお本書の第4章第1節は科学研究費補助金（平成17年度～19年度　課題番号17530522）による研究成果の一部である。

平成27年6月

石倉　健二

目　　次

はじめに

第1章　原初的な「自己」の発達と統合

　第1節　身体と自己 …………………………………………………… 1
　第2節　原初的な「自己」の発達 …………………………………… 7
　第3節　原初的な「自己」の統合 …………………………………… 18

第2章　身体的自己（Embodied Self）の発達と統合

　第1節　筋緊張の左右差が視覚的垂直判断に与える影響について …… 27
　第2節　身体的自己の統合に伴って現実感覚を取り戻した事例 …… 33
　第3節　身体的自己の統合に伴って自立的行動が得られた事例 …… 52
　第4節　身体的自己の発達と統合に向けた援助 …………………… 65

第3章　動作的自己（Intentional Self）の発達と統合

　第1節　動作的自己の発達に伴って周囲への能動的な行動が広がった
　　　　　事例 ………………………………………………………… 71
　第2節　動作的自己の統合に伴って周囲への能動的な行動が広がった
　　　　　事例 ………………………………………………………… 86
　第3節　動作的自己の発達と統合に向けた援助 …………………… 96

第4章　対人的自己（Interpersonal Self）の発達と統合

　第1節　重度認知症者の視覚的注意にみる対人的自己の変容 ………… 101
　第2節　認知症者の笑いにみる対人的自己の変容 ……………………… 112
　第3節　自閉症児と関与者の相互的対人行動について ………………… 128
　第4節　対人的自己の発達と統合に向けた援助 ………………………… 140

第5章　総合考察と総括

　第1節　障害が原初的な「自己」に与える影響 ………………………… 147
　第2節　原初的な「自己」の発達と統合に向けた援助 ………………… 153
　第3節　全体のまとめ ……………………………………………………… 157

引用文献 ……………………………………………………………………… 161
初出一覧 ……………………………………………………………………… 173
あとがき ……………………………………………………………………… 175

第1章　原初的な「自己」の発達と統合

第1節　身体と自己

1　身体図式（ボディ・シェーマ）と身体像（ボディ・イメージ）

　身体図式や身体像に関する概念は漠然としており、しかも広範囲にわたる。身体像についての歴史は、フランス人医師アンブロワーズ・パレに始まると言われる。パレの業績を紹介した W. ゴーマン（1969）によれば、パレは戦場で負傷した切断者の治療についての経験から、1634年に「切断者の研究」を出版し、そこで幻影肢や幻肢痛の現象と治療法について言及している。20世紀に入ると、神経学の発展とともに身体失認や疾病失認と身体像の関係が論じられるようになる。W. ゴーマン（1969）によれば、まずフランスではレールミットが、脳疾患の後に自分の左手を義弟のものと主張した女性や、左半身不随の男性が自分の左半身の麻痺に全く気づかなかった例などを報告している。またドイツのアーノルド・ピックが、身体についての「知的イメージ」存在を提唱し、このイメージの形成には視覚的な手掛かりとともに、運動感覚や触覚も関与すると述べたことも紹介されている（W. ゴーマン1969）。またそうしたイメージの発達に関して、先天性四肢欠損の子どもや幼い頃に手足を切断した人が幻影肢をもたないことから、身体についてのイメージは成長の中で発展させるものと考えられた（W. ゴーマン 1969）。

　身体図式の研究で大きな業績を残した H. ヘッドは当初、末梢神経の研究を行っていたが右大脳半球損傷の患者達を研究する中で、患者達が空間内で身体の位置を定位することが困難であることに気づいたと言われる（W. ゴー

マン 1969)。すなわち、目を閉じた状態では自分の四肢の位置が説明できないというもので、今日で言うところの位置感覚（あるいは深部感覚）の障害と考えられる。そして微妙な姿勢の感知が、空間内における自分自身の身体の位置や場所についての知覚をもたらすだけでなく、身体の動きをもとに周囲の空間の状況が測定可能になることが立証された。そして自分自身の姿勢についての微妙な知覚は必ずしも意識化されるものでもなく、また視覚的なものでもないと考え、見えない何かに対しての「イメージ」が明確な投影を生み出すその鮮明さにそぐわないと考えた H. ヘッドは、「像（イメージ）」という用語を避け、「図式（シェーマ）」という用語を用いたと言われる（W. ゴーマン 1969)。そして H. ヘッドの言う図式は、絶えず変化形成され、その機能のほとんどは無意識的であり、姿勢や身体の見当識に影響を与える点が特徴的と言える（秋山 1987)。

また H. ヘッドと同じ時期に精神病理学的見地から体系的に身体像を取り上げたのは P. シルダー（1935）である。P. シルダーは身体像を「個々人が、各自について持っている身体の空間像」と定義し、身体像の概念を大脳病理現象から精神病理現象にまで広げ、更にはこれが単なる感覚や想像ではなく身体についての自己現象ととらえることで、健常な人の行動にまで適用を拡大した。そして P. シルダーは、身体像があらゆる感覚器官に発する知覚に基礎を置いていることを強調し、その中でも視覚こそ支配的な感覚であると主張した。

さらに W. ゴーマン（1969）は、精神医学や神経学、言語学、哲学など多数の学問分野を背景に、多くの臨床経験や調査資料をもとに、身体像とは「自分自身の身体についての概念である」と定義し、さらに「それは知覚的プールと経験的プールとの相互作用によって形成される。知覚的プールは、われわれの現在および過去のすべての感覚的体験から構成され、経験的プールはわれわれのすべての経験や情動および記憶から構成される。したがって、身体像は、可塑的で力動的な総体であり、新しい知覚や新しい経験によって

絶えず改変されている」と述べ、身体像は知覚と経験にもとづいて、常に変わり続けているものであると整理している（W. ゴーマン 1969）。

またH. ワロン（1983）は、身体図式を「身体の様ざまな部位、その各身体部位の様ざまな姿勢や移動、さらにはこの活動や姿勢を作り出していく潜在的可能性についての多少とも潜在的なイメージ」と述べ、「身体図式の問題は、もはや、単にそれを作り上げているイメージの問題ではなく、身振りの空間と対象の空間との関係の問題、すなわち、外界に対する運動的調節の問題」にまで拡大してとらえている。

こうした用語の相違を受けて秋本（1987）は、身体図式と身体像について、「身体図式（ボディ・シェーマ）はわれわれの身体についての、耐えざる精神的知識」と表し、「身体像（ボディ・イメージ）はわれわれの心の中で変化しつつある身体についての観念」であると両者を区別した。そしてシェーマの概念は脳の器質的疾患から生まれたのであり、シェーマという言葉は生理学的な現象に限定して用いられる用語とみることをすすめている。そしてイメージは、臨床脳病理学の研究のみではなく、精神分析学的にも、心理学的にも、さらには社会学や催眠現象にまで共通の基盤を持つものであり、一般的に用いる場合には身体像の用語が適切であるとしている。

またこうした身体図式と身体像は、麻痺や切断といった何らかの疾患や障害によって損なわれる場合に検討の対象となることが一般的で、その形成過程について述べているものは多くない。身体像の発達に関しては、7歳までに形成されるといわれている。これは、6歳未満では幻影肢は出現しないという臨床知見（大塚 1968）に由来する。またM.L.ジンメル（1962）は先天的な四肢形成不全の子どもでは幻影肢が出現しないことや、自立性の運動ができないという理由から四肢の切断がなされた子どもには7～8歳以下では幻影肢が出現しないことなどから、身体像の形成には身体の動きとその動きの知覚が必要であることを示唆した。ただし、身体像の形成に関して、四肢以外の部位に関する幻影現象についての検討がほとんどなされていないことや、

成人に比べて子どもの場合には自分の身体に関しての知覚や発言、知識が不十分であることなどから、子どもの幻影肢の出現をもって、身体像形成の時期を述べるのは不十分であるとも言われている（W. ゴーマン 1969）。こうした点から、身体図式あるいは身体像の発達あるいは獲得の過程についての検討が困難であるという課題が明らかとなっている。

2　身体自我（Body Ego）

S. フロイトは「自我とエス（1923）」の中で、「自我は、何よりもまず身体自我（bodily ego）である」とし、英語版（1927）ではさらに「自我は、究極的には身体感覚、主として身体表面に由来するものから導き出される」という脚注が付されている。そして S. フロイト（1923）は自我の発生において外部および内部の知覚とともに、その両方が同時に生ずることのできる身体に注目し、自分の身体が知覚世界から際立ったものであることを述べている。そして周囲の対象とは異なった独自の存在としての自己身体に気づくようになり、この身体についての自覚、認識がその後の自我の発達的な核になると考えていたと、秋山（1987）は紹介している。

さらに P. シルダーが身体像と身体図式を精神分析理論で解釈したことで、身体像や身体図式の概念が精神分析の領域でも多く論じられるようになった。特に P. シルダーの身体像の概念は、P. フェダーンによって身体的自我（bodily ego）と自我境界（ego boundary）の概念に発展したことが秋山（1987）によって述べられている。P. フェダーンの言う身体的自我とは身体とその機能の心的表象を意味し、身体像が自我感情によって完全な充実を与えられ、自我感情の内に自我化されたときの体験の自己表象であると言われる。また自我境界とは、自我と非自我の境界であり、外界の知覚や認識に関する自我境界（外的自我境界）と精神内界の知覚や認識に関する自我境界（内的自我境界）があると考えられている。特に知覚・運動機能の発達によって身体運動による原初的な現実検討が可能になることが、自我境界の確立に重要な役割を果た

すと考えられている（小此木2002）。

　P. シルダー（1935）はさらにバーンフェルドらの研究を紹介しながら、身体像や身体自我の発達について述べている。すなわち子どもは最初、自分の身体の各部位に対して見知らぬ対象と同様の態度を示すという。そして自分の身体をじっと見つめたり、動かして見たりする。そうした自分の身体を観察するようなこうした興味は生後二年目になると減少する。このことから、子どもには自分の身体についての実際上の知識がないので、他の物体と自分の身体を運動感覚性運動や内臓からの情報によって区別せざるを得ないのだろうと結論づけている。そしてそうした自分を観察するような興味は、知覚的な経験と運動身体自我（motor body ego）との協応の問題であることを述べている。そして、身体像を創造するためには自分の意のままに動く器官が必要であり、いくつかの器官は最初から身体の必要性に従属している。そのために、身体自我は最初から存在していると主張している。

　このように身体と知覚の問題は、外界や他の物体と自分を区別する働きとして、発達の初期段階から自我の形成に重要な役割を果たすことが、精神分析的な立場においては検討がなされてきた。

3　自己感の発達

　精神分析医の D. N. スターン（1985）は、乳児の社会生活における主観的体験について自己感（the sence of self）を中心に据えている。この自己感とは自己についての概念ではなく、自己についての直接的体験レベルで持つ実感としてのものであり、大抵の場合は意識の外にある。そしてそれには、他から区別された、一個の、均衡のとれた肉体であるという自己感、行動の発動者、感情の体験者、意図の決定者、計画の設計者、体験の言語への転換者、伝達者、個人的知識の共有者であるという自己感もある。私達は自分達の体験を、それが何か独特で主観的なオーガナイゼーションに属すると思えるようなやり方で本能的に加工処理するが、その主観的オーガナイゼーションを

「自己感」と呼んでいる（D. N. スターン 1985）。

　D. N. スターン（1985）によれば、「自己感」は社会的発達の主観的体験の基礎となるもので、出生後から2ヶ月の間にできてくる「新生自己感」、2～6ヶ月に始まる「中核自己感」、7～15ヶ月でできてくる「主観的自己感」、そして「言語的自己感」はその後に形成されるとしている（図1-1）。乳児にとってつながりのなかった出来事に関係性を創り出し、オーガナイゼーションを一部作りあげ、知覚運動系の図式を強化するような、そのような感覚を体験するのみでなく、それが新生される過程を体験する、それを「新生自己感」と呼んでいる。これは出生後から生後2ヶ月の間にできてくる。そしてこの新生自己感に含まれるオーガナイゼーションは、身体の融和性、動作、内的感情状態、そしてそれら全ての記憶、といった身体に関する現象と深く関係しており、それが次の「中核自己感」に関るとされている。

　生後2ヶ月を越える頃から、乳児は一個の人間としてよりまとまってくるように見受けられる。乳児は自分の行動をコントロールし、自分自身の情動を持ち、連続性があって、自分とは別に他者がある、そういった感覚を有してくるように見受けられる。この時期に形成されるのが「中核自己感」であり、そこには「自己―発動性（自分の行為の著者は自分であり、他者の行為は自分が著者でないという感覚）」「自己――貫性（動いているときも静止しているときも、統合された行為には境界と場があり、身体的に断片化していないという感覚）」「自己―情動性（自己体験に属する感情のパターン化された内的特性を体験すること）」「自己―歴史（自分の過去との間に連続性、永続性の感覚がもて、自分が同じ自分として存在し続けたり、変わることができること、出来事の流れの規則性に乳児が気づくこと）」の4つの自己体験が一まとまりとなって、中核自己感は構成される。

　生後7～9ヶ月になると、乳児は徐々に内的主観的体験が自分以外の他者と共有可能であるという認識に至る。自分とは別の他者も、自分と似たような精神状態をもつのだという感じを乳児が持つことができて初めて、主観的

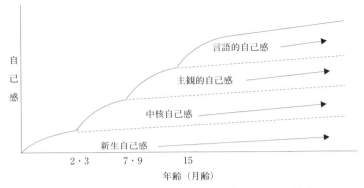

図1-1　D. N. スターンの自己感の形成についての図式

体験の共有、あるいは間主観性の体験が可能となる。ここで獲得されるのが「主観的自己感」である。これによりそれまでとは違うレベルで新しい主観的見通しが出現し、注意の共有、意図の共有、情動状態の共有などが可能となる。そして「言語自己感」は生後15〜18ヶ月以降に獲得される、としている。

第2節　原初的な「自己」の発達

　精神分析学において、自我の形成には自己身体についての知覚が重要な役割を果たすことが既に指摘されていた。今日の発達心理学においても、赤ちゃんがいつどのように「自分自身」と「外界のモノ（他者や物）」の区別がつくようになるのかは、「自己」の発達を考える上において重要な問題である。
　生後しばらくの間、赤ん坊は周囲の環境から独立し、あまり関与していないというような発達観がこれまで伝統的にあった。古典的にはW. ジェームズ（1892）が乳児の経験世界を「一つの大きな途方もなく騒々しい混雑（one big blooming buzzing confusion）」と表現したように、環境と自己との間は混乱し、互いに無関係あるいは未分化もしくは融合している状態と考えられて

きた。

　しかしここ20年余りの間に、それに反するような実験結果が示されるようになり、1歳になるまでの時点で、赤ちゃんは実は多くのことを理解していることが明らかとなってきた。特に自分自身についての知覚や意識あるいは知識、理解といった「自己」の発達に関する知見は、乳児だけでなく、発達障害やロボティクスとも複合的に関係しながら大きく展開しているところである。

1　身体的自己（Embodied Self）

　U. ナイサー（1988）は、「物理的環境への関係を伴う（直接）知覚としての自己」としての生態学的自己（Ecological Self）を定義した。ここに現れる自己は、客観的に存在する環境との相互作用に関する情報によって特徴づけられるものであり、そこには「知覚」が重要な役割を果たす。知覚は普通、周囲の環境についての知覚である外部知覚（視覚、聴覚が代表的である）が取り扱われるが、J. J. ギブソン（1979）が「自己知覚と外部知覚とは不可分の種類の経験である」と指摘するように、実は同時に自分自身の状態（特に運動に関連した）についての知覚である自己知覚をももたらす。そしてその自己知覚からもたらされる体験が、潜在的で原初的な自己意識の形態とみなすことができるとされている（J. J. ギブソン 1979）。

　この自己知覚をもたらすものとして重要な役割を果たすのが自己受容感覚である。自己受容感覚とは、固有感覚とも呼ばれるが「身体の一部が他の部分に対して占める位置、または他の部分に対して行う運動を刺激として受け入れることで、筋紡錘、腱紡錘、内耳の前庭器官が自己受容のための感覚器（医学大事典 1996）」とされているが、固有感覚と呼ばれるときには前庭器官は含まないこともある。そこで、本稿で前庭器官を含まないものとしての自己受容感覚を「固有感覚」と呼び両者を区別することとする。固有感覚は外界からの感覚的刺激を受容する外受容器（眼球や聴覚器など）とは性質が異な

る。すなわち、自らの身体の運動そのものが刺激となり、その運動によって引き起こされた自分の身体の状態と外界の変化を知覚するものであり、これは自分自身の状態と環境についての共知覚と呼ばれる。この固有感覚を基盤にした共知覚によって、まず「自分自身」と「外界のモノ（他者や物）」の区別が可能になる。そしてこのように、環境の中におかれた自分について固有感覚的に特定されたものを生態学的自己と呼ぶことができる。これ自体では自己認識とはなり得ないが、ある種の自己知識、特に環境の中に存在する自分の身体に気づいていることを意味している。そして恐らくは胎生期から、この核となる能力は備わっており、生態学的自己は知覚と行為の即時性の中で、「今」「ここ」という側面につながっていると考えられている（P.ロッシャ 2001）。

　この固有感覚に基づき、ヒトは身体の様々な部分がどのように関連しあっているのか、そして周囲の環境にどのように向き合っているのかが知覚される。そして乳児は、非常に早い時期（生まれる前も含め）から自分の手を口に持っていったり、生後2〜3ヶ月までには、自分の手足を視界に入れてそれを動かしたり眺めたりする。こうした動きは何度も繰り返され、また誰かと一緒にしなくても一人で熱中するように行われる。これは、複数の感覚的経験を伴う遊び的な自己探索につながるものである（P.ロッシャ 2001）。そしてこの自己探索によって、乳児は行為の中から自分の身体を特定する情報を選び出し、身体的自己についての学習を行う。P.ロッシャ（2001）はこれを、乳児自身の自己強化性を強調して「循環行為（repetition action）」と呼んだ。循環行為は、環境中にある他の物理的な物から分化されたものとしての自分自身の身体を特定することを可能とする。そして、例えば自分の前を自分の手が動くのを見、両手が触れ合うのを感じるのと同時に、手自体の動きも感じることができる（いわゆるダブルタッチ）。生後2ヶ月の乳児がベッドに横たわりながら、自分の手を自分の前で揺らしてみたり、両手を真ん中で合わせて指を絡めて、それを見る。こうした幼い幼児にみられる典型的な行動は、

自分自身を環境中の他のモノとは異なる存在として気づくようになる最初の段階と考えられる（P. ロッシャ 2001）。

ただこの段階では、まだ高次の認知的な気づきは含まれておらず、もっと原初的で、自分の身体への知覚的な気づきに向かっているに過ぎない。しかしながら、P. ロッシャと S. J. ヘスポス（1997）は、生まれて18時間以内の新生児がこのダブルタッチの刺激とそうでない刺激とを弁別していることを示した。この実験では正常発達において発現する原始反射の一つである口唇探索反射（rooting reflex あるいは response）が用いられた。すなわち、実験者が乳児の頬をなでる場合（外部の触覚的刺激）と、乳児の片手が自発的に頬に触れる場合（触覚的自己刺激）で、刺激の方に顔を向ける反応の頻度が測定された。その結果、新生児は自己刺激よりも外部刺激の方にほぼ3倍の頻度で口を開けて顔を向けていることが示された。このことは、生まれた直後であっても、外部刺激と自己刺激を弁別することが可能であり、自分自身に対する初期知覚、つまり初期の知覚に基づいた自己についての感覚を持っており、身体的自己の形成が始まっていることが示唆される。

さらに P. ロッシャ（2001）は、生まれて20分後の新生児でも手を口に持っていくときには、手が顔や周辺領域に触れることなくまっすぐ口に運ばれることや、手が顔に接触する前に口が開いて手を受け入れる準備ができることを観察し、手－口の協応は生まれたときには既に存在している可能性を示した。

身体的自己とは、自分自身の身体を探索することによって知覚される自己と言うことができ、これは生まれたときあるいはおそらく胎生期にはその形成が始まっていると考えられている（P. ロッシャ 2001）。

2　動作的自己（Intentional Self）

Intentionality（意図性・志向性）とは、哲学において伝統的な難問である。J. R. サール（1983）によれば Intentionality とは、行動が「世界の中にある出

来事の状態や対象に向けられることによって生じるような多くの心的な状態や出来事の特性」である。そして一般的に Intentionality は「目標志向的行為 (goal directed activity)」ととらえられ、偶発的ではなく、あらかじめ計画あるいは考えられた行動が実体化されるものと言える。そこに構成される行為のプランニングは、「今、ここ」を越えて、あらかじめの計画や考えという過去と行為をしている現在、あるいは計画をしている現在と行為をする未来、という時間軸を持って、自分の身体の外に向かって影響を与えることとなる。

P. ロッシャ (2007) は、身体の動きについて Intentional の違いから3つの特徴を述べている。すなわち①自動的あるいは反射的な反応、②行為システム (Action systems)、③意図的行動 (Intentional actions) であり、これらは生後18ヶ月の間に順番に出現するとしている。まず一つ目の自動的あるいは反射的な反応とは、呼吸やまばたき、伸張反射などの自動的で反射的な反応である。こうした身体の動きは生得的に備わっているもので、自己身体への刺激の反応として生じる点や自己を防御するという点において「自己」を含んではいるものの、非意図的 (un-intentional) であり、特異的な刺激に対しての反応であり周囲の状況とはほとんど無関係に生じるものである。

二つ目の行為システムは非意図的な身体的運動であるが、出生直後からみられ、生後6週までに目立ってくるものである。この身体的運動は、ある機能的な目標に向かう方向性をもった行為によって構成されており、さらにこの運動は柔軟で以前の経験に基づいて変化や調整がなされる余地があるという点に特徴がある (P. ロッシャ 2007)。さきに述べた生後18時間の新生児であっても自分の指よりも他者の指の方がよりルーティングを行うことや、生後20分の新生児でも手―口の協応がみられることなど、極めて早い時期から乳児は、自分自身が置かれた状況によって身体的運動をある目標、特に自己身体に向かって調整させることがわかっている。しかしこれらはまだ、対象物や相手の物理的な特徴との関係で現れる行動であるために、相互的コミュニ

ケーションや他者との体験の共有にまではつながるものではない。

　そして2ヶ月になる頃には、環境に対する自分の行為の効果に特別な注意を払うようになることが示されている。P. ロッシャとT. ストリアーノ（1999）は、乳児がおしゃぶりを吸う圧力に比例して音の高さが変化する連続音が再生される条件（アナログ条件）と、ある閾値よりも強い圧力の吸啜に随伴してランダムな高さの音が出る条件（非アナログ条件）で、吸啜のパターンに違いがあるかどうか比較を行った。2ヶ月の乳児の場合では、アナログ条件の場合には吸啜の圧力を探索的に調整していたが、新生児（平均で産後25時間）では両方の条件で吸啜のパターンに違いはなかった。またM. ルイス、M. W. サリバンとJ. ブルックスガン（1985）は、2ヶ月の乳児が手首につけられたコードを引っ張るとオルゴールが鳴るようにして、コードを引いてオルゴールを鳴らすという行動を学習させることを試みた。すると乳児は数分で適切な腕の動きでコードを引くことを学習し、コードを引っ張る頻度は増加し、また微笑んで喜びを示した。さらにその後の消去期間の間、コードはオルゴールと結ばれていなかったが、乳児は明らかにオルゴールを動かそうと高い確率でコードを引っ張り続けた。すると乳児は微笑を著しく減らし、「怒り」を優位に増やして欲求不満を表した。そこには、2ヶ月の段階で乳児は自己産出行為に対する特定の結果の予期をしていたことをみることができる。

　この生後2ヶ月の頃に乳児は、外界に対して能動的な行為をする主体的存在へと変化すると考えられており、自分が置かれている状況を見極めて、対象物に意図的な関わりを始めると言われる（P. ロッシャ2001）。すなわち赤ん坊は身体的自己を形成した後、外界にある対象物を触ったりつかんだりすることで、自分ではない外界にある何かの状態が変化することを学ぶようになる。そしてそれを通じて、乳児は自らが外界に影響を与えることのできる存在であることを発見するようになる（G. バターワース1995）。この時期の変化をP. ロッシャ（2001）は「2ヶ月革命」と呼び、外界に対する意図的で計画

的な行為システムの誕生を指摘している。このシステムは、新規な対象物に手を伸ばしたり、見るのに邪魔な物をどけたりするなど、目標と手段が密接に連携している。こうした行動は、同じ目標に到達するための新しい方法（例えば物に口で触るために手を伸ばす、あるいは身体ごと前に傾く、など）を発見したり、同じ方法が違う結果を生み出す（例えば蹴るという行為によって玩具を動かすことができたり、音を出すことができたり）ことを発見することになる。このような発見は、意図的な行為の発達の中核をなすものであり、乳児期の認知発達における最も大きな特徴とされる（P. ロッシャ 2001）。

3　対人的自己（Interpersonal Self）

これまで述べてきたように、乳児の外界に対する働きかける行動は、生後2ヶ月頃までに大きな変革が起きる。すなわち、目標の達成に向けて計画し、それを実行する主体としての自己が成立していく。そしてこれは、物理的対象としての物に対してだけでなく、他者との関係性においても同様で、他者が自分自身に対してどのように相互作用してくるのかについての予期も発生させるようになる。

P. ロッシャ、T. ストリアーノと L. ブラット（2002）は、生後2・4・6ヶ月の乳児について、対面的なやりとり場面において、実験者が突然停止顔を見せた時の反応について検証を行っている。それは、通常の相互作用を持ったあとに、平静な停止顔・嬉しそうな停止顔・悲しげな停止顔をそれぞれの乳児に見せた。すると、4ヶ月児と6ヶ月児においては全ての条件において停止顔への凝視時間が減少したが、2ヶ月児は嬉しそうな停止顔への凝視時間は減少しなかった。また6ヶ月児は、停止顔の条件に関係なく、正常な相互作用が再開されても、微笑の回復が少なかった。このことは、2ヶ月児と4ヶ月児で他者の表情についての予期が精緻化し、さらに6ヶ月児では停止顔によってもたらされた異常な経験に基づいて他者の行動についての予期を変化させたことがうかがえる。このように、乳児は生後2から6ヶ月の間ま

でに、他者によって現在行われている行動とその他者との相互作用の結果から、その他者が自分に対していかに振る舞うかについて予期する能力の形成が始まっている。

　また乳児は、生後6週目には顔と顔を見合わせたような状況ではっきりと笑顔をみせる。このときの笑顔は、新生児がおなかがいっぱいになった後や寝ているときに見せる微笑とは異なり、乳児が自分の外にある出来事、特に遊びや他者との交流の中で他者の顔を知覚することに関係している。そして、顔と顔を見合わせたような対面的な状況で乳児が見せる笑顔やクーイングは、対面する他者が乳児の行動を再生したり大げさな模倣をするような傾向をもたらす。この過程で、乳児の情動は誇張されたジェスチャーやイントネーションで増幅され、乳児自身との違いを際立たせた形でフィードバックされる。このいわば情動的な鏡映は、乳児にとって自己を知る源の一つとなる。このことで乳児は、自分を客観視する機会を得ることができ、自己についての自分と他者の視点の違いを区別するようになる。乳児が他者の顔をモニターし、対面的な相互作用においてやりとりし始めるようになるとき、乳児は他者に対する予期とともに、相手に向かう意図的で参照的なコミュニケーションに必要な基礎を育むことができる（P. ロッシャ 2007、2001）。

　そもそも対人的自己とは、U. ナイサー（1988）が述べた5種類の自己知識の2番目に挙げられたもので、「即時的で非反射的な他者との社会的相互交渉に関連した自己」と定義され、「生態学的自己と同様に直接的に知覚されるが、対人相互作用のある二者かそれ以上の人との関係でのみ特化して生じるもの」としている。そしてさらに、「もし人が互いの行動の姿や方向、タイミング、強さが一致すれば、それは間主観性と呼ばれるものの実例として示されることになる」と述べている。すなわち、こうした対人的な行動が同調することで、相互的なジェスチャーや情動が表現されることとなり、これが体験の相互性（あるいは間主観性）と呼ばれる。これと同様のことを新生児模倣でも見ることができる。新生児は対面する他者（大人）の身体の動き、

特に口と頭の動きを真似する傾向を誕生の直後から有しており、自分と同じような行動をする人が自分と同じような気持ちや欲求などの内的状態にあると理解することは容易であり、こうした乳幼児模倣が後の感情発達や心の理論の形成に重要であると考えられている（A. N. メルツォフ 2002）。そしてこの新生児模倣は、乳児が自分の身体に表現したものと他者の様子の一致についての認知をしていることを示しており、他者に向かう自己の成立に必要なものとされている（G. バターワース 1995）。

　環境中に存在する対象物は、赤ん坊が働きかけたことによって状態を変化させることはあっても、対象物の方から注意を向けてくることはなく、また通常の物であれば対象物から働きかけてくることもない。対象物と違って他者（特に大人）との対面が独特なのは、お互いに注意を向けあうという注意の両方向性が働いたり、あるいはまた相互的なやり取りとなることが多いことである。さらにはそうした注意の両方向性や相互的なやり取りは、即時的であることが一般的である。対面した他者との間で、この注意の両方向性、相互的なやり取りが即時的に成立することは、その他者が何かの出来事を起こす存在であることの理解へとつながる。M. トマセロ（1999）は、乳児の他者理解には二種類がありその区別ができるようになることが重要になると指摘している。すなわち、一つは自分で動いて何かの出来事をなす力の源としての他者（有生の存在という他者理解）と、もう一つは目標や注意、意思決定力をもち、行動や知覚に関しての選択を行う存在としての他者（意図を持つ存在という他者理解）という理解の区別である。そして恐らく一つ目の他者理解は生後8・9ヶ月よりもずっと以前に成立している可能性が高く、8・9ヶ月になると後者のような他者理解の仕方ができるようになるのではないかと説明している。そして後者の意図をもった存在としての他者理解が可能になることが、注意の追従や行動の追従といった共同注意行動が成立する背景にあるのではないかと思われる。P. ロッシャ（2007）はそうした他者に向かう自己が生後2ヶ月から9ヶ月までのところで形成され始めるとしている。

4　原初的な「自己」について

これまで述べてきたように P. ロッシャ（2001）は、初期発達における幾つかの水準の「自己」についてその大きな節目の時期も含めて整理している。ここでそれをあらためて整理したものを表1-1に示す。

まず自分自身に対する固有感覚を基盤とした自己についての感覚である「身体的自己」は、出生直後にはすでにそれが芽生えていることが観察されることから、胎生期にはその発達が始まっていることが推測されている。また、何らかの対象物に対して意図的にそれを操作しようとする主体としての自己である「動作的自己」は、生後2ヶ月頃からそれが見られるようになることが示されている。そして物とは異なる他者との関係の中で、他者が自分

表1-1　原初的自己についての一覧

身体的自己	概要	・自己探索的身体運動によって自分の身体が特定されることで得られる、自己に関する新しい知識や自分自身への気づき。
	指標	・自分の身体の動きと固有感覚に注意を向けることができる。 ・自己探索的な身体運動がある。
	備考	・胎生期には発達が始まる。 ・知覚レベルでの自己。 ・「今」「ここ」についての理解。
動作的自己	概要	・自己と外界（他者）の区別に基づいて、ある機能的な目標に向かう方向性をもった行動を生起させる。
	指標	・外界に関わるように身体を動かすことができる。 ・姿勢や動作を自己調整できる。
	備考	・生後2ヶ月までに獲得される。 ・（原初的）間主観性につながる。
対人的自己	概要	・即時的で非反射的な他者との社会的相互交渉に関連した自己。
	指標	・注意の両方向性と相互的行為が成立する。 ・相手の様子を見ながら相手に向かう意図的行動が生じる。
	備考	・生後6〜9ヶ月までに獲得される。 ・第二次間主観性につながる。

に対してどのように相互作用してくるかの予期を働かせてその相手に向かおうとする自己である「対人的自己」は、生後9ヶ月頃までのところでそのはっきりとした形成がされ始める。

このように、定型発達でいう生後1年以内の時期にみられる「自己」の発達は、単に発達初期の段階についてのことだけではない。U.ナイサー (1988) は、「対人的自己」の発達の後に「拡張された自己」「私的自己」「概念的自己」の発達を述べており、この発達初期の「自己」は、人間のその後の「自己」に関する最も基盤となるものと考えられる。

通常の発達では、それら幾つかの水準の「自己」がそれぞれの上に積み重なり発達を遂げていくものと思われる (図1-2)。しかしながら、何らかの疾患や障害によってこれが円滑に積み重なっていかなかったり、あるいは積み重ねてきたものが不調をきたしたり、解体することもあり得ると考える。そのような場合には、これまで積み重ねてきたものを基盤にして、不調をきたしたり解体をした部分についてはそれを新たな状況の中で再編成しなおすこと、すなわち統合が必要になる。そしてその不調や解体が深刻なものであるほど、より深い水準での「自己」の統合が求められると考えられる。

すなわち「身体的自己」「動作的自己」「対人的自己」は、生後1年以内で

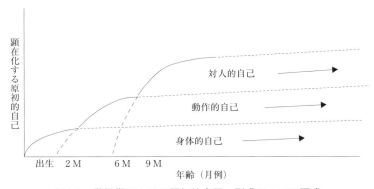

図1-2　乳児期における原初的自己の形成について図式

発達が完成してしまうと言うよりも、一旦は一応の発達があるものの、「自己」が深刻な危機にさらされるほどに再編成が求められるものと言える。そうした意味から、これらの水準の自己は単に「自己」の発達の初期段階にあるだけでなく、人生を通した「自己」発達の基盤であることから、原初的な「自己」と考える。

第3節　原初的な「自己」の統合

1　身体像・身体図式の障害と精神疾患

　身体像・身体図式の障害としては、その研究の出発点に幻影肢があり、また身体失認があった。しかし、それらは脳病理学の問題や生活上の困難、あるいは QOL 全体の問題としてとらえられることはあっても、「自己」という視点から語られることはなかった。

　A. バルトン、J. アドキンスと S. J. カリフ (1961) は、身体像の回復なしには分裂病の治療は成功しないと言う立場から、パーソナリティーへの身体心像の関わりを行っている。また J. J. シュワブと J. D. ハーメリング (1968) は、入院患者は病気の影響を受けた身体部位についての不満を述べる以上に、自分のからだ全体についての不満を述べることを紹介し、しかもそれは精神疾患の患者で顕著にみられることが示されている。また J. T. マルツバーガーと D. H. ビュイエ (1980) は、自己についての感覚から身体像が解離した時に、それは自殺的な力動の役割を果たすことを指摘している。このように、身体から「自己」が離れてしまう体験は OBE (Out-of body experiences) と呼ばれるが、そうした現象としては自己像幻視、離人症、統合失調症の自己境界の混乱、臨死体験があることを W. W. マイスナー (1997) は紹介している。自己像幻視とは自分自身が 2 人見えていたり、幻想的な幻の自分が見えることで、その見え方の強さや鮮やかさは様々に変化する。また統合失調症にお

ける自己境界の混乱は、対象物や他者との融解現象で、身体が小さくなったり、腕や脚が無くなったり、自分の身体が自分のものではないように感じたり、機械のように感じたりする現象を含んでいる。さらに摂食障害や身体醜形障害、性同一性障害においては身体像の問題が多く含まれることを指摘している。摂食障害は神経性無食欲症、神経性大食症、特定不能の摂食障害に分類されるが、実際以上に自らの身体を太っていると認知することが多く、身体像の知覚的な歪みがあると考えられている（馬場 2004）。また醜形恐怖は、客観的にはそれほど、あるいは全く醜くないと見られる容姿について"極めて異様に醜い"と悩む病的な悩みと言われ、知覚の障害は見出せないが、自己の容姿の評価が極端に低くなっている特徴が指摘されている（鍋田 2004）。また性同一性障害は、身体的性別とジェンダー・アイデンティティーの不一致であるが、身体像の男女逆転ととらえる見方もある（塚田 2004）。このように、精神疾患を身体像の障害と関連して説明したものは多く見られ、身体像の問題は自己の問題と密接に関連するだけでなく、精神疾患の理解や治療において重要な役割をすることが理解できる。

2　身体的自己の統合

身体的自己の統合に関する記述としては、J. コールと J. ペイラード（1995）を挙げることができる。ここでは末梢神経の障害から固有感覚（運動覚と関節覚）の障害を受けた 2 名の患者について詳細な報告が行われている。2 人とも身体を動かすことはでき、また痛覚と温覚に異常はなかったために健康の保持に問題はなかった。ただ、自分の身体の動きや、目標となるものと身体の位置との関係は常に目で見て確認しなければならなかった。そしてそのうちの 1 人は、自分と周囲の境界がはっきりしないために、パーソナルスペースがかなり広く必要であった。この患者に精神疾患は認められなかったが、実体としての身体から拡張した「自己」をそこにみることができる。この言わば拡張された「自己」は、W. W. マイスナー（1997）の述べるよう

に「自己」が病的に身体から離れてしまう体験（OBE）ではなく、身体的な疾患、さらに言えば固有感覚の障害に対して「自己」を拡張することで適応を図っていると言うこともできる。このような「自己」の拡張は、身体の拡張と呼ばれる現象と類似している。

　身体の拡張が解説されるときによく用いられるのが「杖のモデル」である。「杖のモデル」とは、全盲の人などが杖を使い始めるような場合に、使い慣れない最初の頃は、杖自身が触覚の対象として意識され、杖の先の対象は、杖についての意識に基づいて推測されたり計算されたりして間接的に認知されることになる。それが杖の使用に熟練してくると、杖自身はもはや身体の一部と化し、杖の先端の対象が直接的に触覚的に意識されることになる。このように身体の存在の仕方の変化の過程を通して、対象の間接的認知から直接的認知に変化するというものである（村田 1995）。またこれと逆に身体が縮小する場合として、感覚が麻痺したときにそれまで身体の一部であったものが、杖のような物体として対象的存在となり、それまで直接現われていた手の先の対象が間接的な推論を通してのみ認知されるというものである（村田 1995）。このように、自分の身体が対象的な存在となり、周囲のものについての知覚は間接的な推論で行っていたというエピソードはJ.コールとJ.ペイラード（1995）の患者でも同様であった。しかしこれは、認知の誤りや障害というよりも、むしろ個々の認知の真偽の規準となるべき正常性の解体と再編にかかわる事柄であり、新たな仕方での日常性を獲得することである。さらに、こうした身体の拡張の過程は、無意識化の過程というより、むしろ新たな意識のあり方の成立であり、そうした技能の習熟とは注意ないし意識の的確な向け方を心得る、ということでもある（村田 1995）。これはいわば、以前の身体の状態を基盤にして、そこに新たな身体の状態を加味した身体的自己についての統合の営みであると言うことができる。

3　動作的自己の統合

　動作的自己は、身体的自己の形成に基づいて、外界にある目標に向かう方向性をもった身体の動きを生み出す主体となる。すなわち、ある意図に基づいた身体の動きを生じさせるものとしての自己と言える。

　ところが、意図どおりに身体の動きが生じないことがある。スリップと呼ばれる行為の誤り現象や失行症はその一例である。スリップは、ある行為を実行しようとして別の行為を行ってしまうもので、お茶と間違えてコーヒーをうっかり捨ててしまったり、急速反復書字法（ある文字を繰返しできるだけ早く、数多く書き続ける）によって生じる書き間違いなどである（村田1995）。また、失行症は主に優位（左）大脳半球頭頂葉周辺の病巣に由来する高次脳機能障害で、運動麻痺や運動失調、不随意運動などの運動障害がなく、行うべき動作や行為がわかっているにもかかわらずこれが適切に行えないものである。代表的なものとしては、物品使用動作手順の企画が困難な観念性失行、衣類を着る手順がわからなくなる着衣失行がある（田崎、斎藤2004）。そして、身体運動の麻痺や失調、不随意運動などの肢体不自由も意図どおりに身体が動かない例の一つである。

　スリップや失行は、ある対象に向けての意図を実現するための身体の動きの方向性や順序性の誤りであり、肢体不自由も意図を実現するための身体の動きの発現が十分ではないものである。そもそも意図は単にある事象の実現を目指すだけでなく、その事象の実現を目指すための身体の使い方にも注意が向けられることになる（村田1995）。スリップや失行では、操作する物体の状態がどのようになっているか、自分の手はその対象をどのように扱っているかなどについて、大きな注意を払わなければならない。また肢体不自由は、ある意図する事象の実現を目指すために、身体の使い方そのものに大きな注意を払う必要が生じる。その注意の払い方、言い換えれば努力の仕方を変容させることで、身体の動きを変えようとする方法に「動作法」がある。

成瀬（1995）は「意図→努力→身体運動」という動作図式を提案し、「意図」を実現させるための「身体運動」を生じさせるために、「努力」の仕方を変える援助法を体系化させた。

　具体的な援助で言えば、例えば脳卒中などの中途障害による肢体不自由者の場合では、病前と同じような努力の仕方をしていたのでは、意図どおりの身体運動は生起しないために、新たな努力の仕方を工夫する必要がある。また脳性麻痺などのように生まれつきの肢体不自由がある場合には、やはり意図どおりの身体運動を生起させるためには新しい努力の仕方を身につけていく必要がある。いずれの場合にしても、意図どおりの身体の動きの生起に向けた努力の仕方の工夫が必要となる。そしてこうした現象はなにも肢体不自由だけにとどまらず、私達の日常にも存在する。加齢等によって運動能力や身体能力が低下してきたときに、「以前のようにはできない」と感じることがある。これも、以前のような運動能力があるときと同じような努力の仕方をしていたのでは、意図どおりの身体の動きを生起させることができないという点で、脳卒中などと同様に新たな努力の仕方の工夫が求められるものである。動作法では、この努力の仕方を変えるような取り組みが行われてきた。

4　対人的自己の再統合

　対人的自己は、動作的自己を基盤として、他者が自分自身に対してどのように相互作用してくるかの予期ができるようになり、対面している相手との意図的なコミュニケーションの基礎となるものと言えるが、その発達と統合は二者関係の成立という形で顕在化しやすい。

　M.トマセロ（1999）は、チンパンジーが他者のことを意図を持つ主体とは理解していないと主張している。彼によれば、チンパンジーやそれ以外の何種類かの霊長類は、環境に対する自分自身の動作の効力をある程度理解していて、様々な種類の意図的な感覚運動的動作に携わる。すなわち、同じ目標にいたるために様々に異なる手段を用い、障害物を除去し、道具などの媒介

物を使用することができる。そしてヒトに対しての命令的な指差しをすることはできるが、他者に対して叙述的（純粋に注意を共有するためだけ）に指差しをすることはない。そしてそれは、ヒトがやるようには同種の他者（この場合は他のチンパンジー）とは同一化しないためであると説明している。さらにこの能力に関して何らかの生物学的な障害をもつ場合が自閉症であるとも述べている。

　自閉症児が共同注意と他者視点の取得に顕著な問題を抱えていることは多くの研究者が指摘しており、叙述的なコミュニケーションや始発の共同注意行動をほとんどしないこともよく知られている（別府 2001）。M. トマセロ（1999）はこの困難さを説明する一つの仮説として、他者との同一化、すなわち他者のことを意図を持つ主体と理解すること、他者の視点を内在化することが苦手であると説明している。そのため、自閉症児のコミュニケーションについての研究は、共同注意行動の獲得や、その表裏をなす関係にある他者意図や他者視点といった他者理解について研究が多く行われており、またコミュニケーション発達の支援に関しても同様の視点で行われることが多い。荒木（2006）は話し言葉獲得期のコミュニケーションの発達過程において、SAM (Shared Attention Mechanism：注意共有機構) の発達モデルが治療教育や障害の早期発見に有効であり、その際、大人からの適当な質と量の働きかけ、そしてそこで作り出される視線や指さしによる共感的関係の成立（場面の共有）が重要であると指摘している。また別府（2002）は、話し言葉をもたない自閉症幼児の事例を紹介しながら、愛着関係の成立とそれに伴う、行動を発する主体としての他者理解、そして情動や意図をもっている主体としての他者理解が獲得されることに伴い、共同注意行動が形成されていくことを示している。さらにユニークな報告として赤木（2003）は、自閉症児・者の自己鏡像認知に関する実験を行った際に、自己鏡像の認知そのものは発達年齢があがるにつれて成立するものの、鼻のマークに気づいて戸惑うことはあっても、「てれ」を示すことがみられなかったと報告している。「てれ」は自己

意識的情動と呼ばれるが、他者の視点から見られた自己を理解していることが必要であり、自閉症の場合にはこの力が弱いことが指摘されている。

　自閉症では、他者理解において重大な障害あることが明らかになっているが、他に他者理解に障害を引き起こしたり、対人的自己にゆがみが生じていると考えられるものもある。特に近年では「社会脳」や「ミラーニューロン」に関する研究が盛んになっていることもあり、脳科学の分野で報告が多く、中でも気分障害患者の社会的機能低下（井上、山田、神庭 2007）や、統合失調症患者における社会的認知と自己認知の障害（倉知 2006）、顔認知課題に代表される社会的知覚、共感の能力の障害（高畑、豊嶋 2007）などについての報告がみられる。

　また統合失調症ほどではないが、近年、自己－他者理解で研究が増えてきているものに、認知症研究がある。特に前頭側頭型認知症者では心の理論課題の失敗が多いことが指摘されている（池田、橋本 2007）。またC. グレゴリーとS. ラフら（2002）は、前頭側頭型認知症患者とアルツハイマー病患者、健常高齢者群で心の理論課題と、眼の周辺の写真をみてその人が自分を無視しているか注目しているかという二者択一で他者視線の理解についての課題を行った。その結果、前頭側頭型認知症患者はそれらの全ての課題に失敗した。そして前頭側頭型認知症患者のこうした特徴が、対人行動の異常に関連していると述べている。またこうした前頭側頭型認知症という特定の病型についての場合だけではなく、認知症の重症度と自己－他者理解についての研究も行われている。矢冨ら（1996）によれば、認知症者がほめられることに伴う「社会的笑い」が重症者ほど少なくなることを認めている。また石倉（2010）も、玩具などの刺激に誘発される笑いは認知症の重症度と関係がないにも関らず、自己意識的情動の一つである「照れ笑い」が重症の人ほど少なくなることを認めている。このように、認知症者においても自己認知や他者理解について障害があることが指摘されている。

　このようにみてくると、対人的自己についての障害は、疾病分類の枠組み

を越えて、様々な精神疾患に認めることができる。この自己認知や他者理解に関する対応は、疾病そのものの治療というよりは、疾病から引き起こされる対人的自己の統合に向けた取組みとなる可能性が考えられる。

5　原初的な「自己」の発達と統合に向けた心理的援助の可能性

　原初的自己の成立段階として、「身体的自己」「動作的自己」「対人的自己」という過程を想定することで、自己の発達という軸で様々な障害を有する人達への援助を見通すことができるようになると思われる。

　すなわち、生態学的自己を含む身体的自己には、意思の表出や外界の知覚がどの程度できているかはっきりとは分かりにくいような重症心身障害のある人達にとっての自己の発達をみることができる。この身体的自己は、知覚レベルでの自己についての理解や気づきであり、ボディ・イメージやボディ・シェーマの概念に極めて近いものである。しかし身体的自己は、その発達が動作的自己の発達につながるという自己の発達の一段階としてとらえることができる点において、ボディ・イメージやボディ・シェーマの形成とは異なる発達軸を想定することができる。そして身体的自己は、自己探索的身体運動が重要な役割を果たし、「今」「ここ」についての理解をもたらし得ることから、現実感覚が希薄になった人達に対する心理療法という側面を期待することができる。

　動作的自己は、意図に基づいてある目的を達成するために身体の動きを生じさせる物としての自己が発達してくる水準である。脳性麻痺や脳卒中などの肢体不自由児者や失行症の人など、意図どおりに身体の動きが生じない人にとっては、重要な問題となるものである。身体的自己を基盤にして、固有感覚に注意を向けながら、身体の動きと動きの感じを一致させながら、注意深く身体を動かしていくことが重要となる。そして動作的自己は、身体の動きが重要な役割を果たすことから、特に肢体不自由児者にとっては大きな課題となる。さらにそれだけにとどまらず、自己と外界のモノ（物と他者）と

の関係を結ぶものとなることから、二項関係の中で展開される間主観性（第一次間主観性）の成立にも重要な役割を果たすことになる。

　対人的自己は、他者を物とは異なる意図を持った存在として理解して働きかけることができるようになる自己が発達してくる水準である。動作的自己によって外界のモノ（物と他者）に働きかけることができるようになると、そのモノの中でも、「注意の両方向性」が働き、「即時的な相互的行為」が成立する対象が、他者という特別な存在であることが理解されるようになる。そのことが、物と他者を区別する大きな契機となって、その意図を持つ他者に向かっての働きかけを精緻化させていく。この対人的自己は、二項関係から抜け出して、共同注意に代表されるような三項関係の獲得や第二次間主観性の成立に大きな役割を果たす。これが自閉症児・者や認知症者など、社会性の障害を有するような人達にとっては大きな課題となる。

　このように、重症心身障害児・者、肢体不自由児・者、認知症者、自閉症児・者といった多くの障害の発達過程と援助について、自己の発達という軸で考えることができる。そして「身体的自己」「動作的自己」「対人的自己」のいずれについても、言語的相互交渉よりも、身体の動きを通した相互交渉によってそれをもたらすことが可能であると考えられる点に非常に特徴があり、そのためクライエントの年齢や障害種別や障害程度、国籍や文化に関係なく援助的アプローチが可能となることから、極めて汎用性の高い視点となる。本論は、この原初的な自己の発達と統合について、多様な年齢と障害種別の人達への援助過程から検討を行うものである。

第2章　身体的自己（Embodied Self）の発達と統合

第1節　筋緊張の左右差が視覚的垂直判断に与える影響について

1　はじめに

　H. ウェルナーとS. ワップナー（1952）は、身体の傾きと視覚的な垂直判断の関係についての実験を行い、例えば身体が右に傾けば垂直判断は左に偏り、左に身体が傾けば判断は右に偏る傾向にあることを示した。また同様の結果は、身体の傾きだけでなく身体に力が加えられている側と反対の方にも偏ることが示されている。こうした身体の傾きや外部からの力は、身体の片方だけの神経-筋の緊張を増加させるもので、筋緊張が知覚に影響を与えるものとして「sensory-tonic field theory」と呼ばれている。H.G. ビルヒら（1960）やG. フリードマン（1970）は、身体の左右片側の麻痺と判断がずれる方向の関係について示した。それによると、片麻痺患者の垂直判断は、麻痺のある側もしくは脳病変のある側に偏るというものであった。H.T. ブレーン（1962）は、麻痺によって身体の筋緊張が左右対称ではない子どもと大人を対象に同様の実験を行い、大人の場合には垂直判断が麻痺のある側とは反対方向にずれたのに対し、子どもの場合では麻痺のある方向にずれることを示した。その後、佐藤（1986）は脳性麻痺の子どもと大人を対象に、身体の緊張の偏りと垂直判断についての実験を行っている。それによれば、慢性緊張のある側と視覚的垂直判断の方向には関係があることが示された。すなわち、大人の場合には慢性緊張のある側と反対にずれ、子どもの場合には慢

性緊張のある側にずれるというものである。これらの結果から、姿勢と知覚は密接な関係があることが明らかとなっている。

これまでの研究では、垂直判断のずれの方向は麻痺のある側との関係について考察されることが多い。しかしながら脳卒中後の片麻痺患者の場合には、麻痺のある側に強い緊張があったり、逆に麻痺のある側の筋緊張が低い場合とがあり、麻痺のある側と緊張の強い側が同じとは限らない。成人の片麻痺患者を対象にした研究では、麻痺のある側との関係についての検討のみで、筋緊張の左右差と垂直判断の関係についての検討はなされていない。そこで今回は脳卒中による片麻痺患者を対象に、麻痺側ではなく筋緊張の左右差と垂直判断のずれの方向について検証を行い、身体と環境との関係について考察を行う。

2 方　法

（1）対象者

対象者は2グループとする。最初のAグループは脳卒中後遺症による片麻痺のある16名である。対象者は全て、筆者が非常勤で勤務する病院に入院しており、本実験に関するインフォームドコンセントが得られている人達である。このうち9名が左麻痺で、内訳は53～65歳の女性が4名（平均年齢60.3歳）と43～73歳の男性が5名（平均年齢63.0歳）である。右麻痺は7名で、内訳は51～76歳の女性が5名（平均年齢64.6歳）と56～60歳の男性が2名（平均年齢58.0歳）である。対象者は全員が自力で立位を保持でき、言語的な指示が理解できる状態である。対象者の筋緊張の種類は、リジッドタイプ、スパスティックタイプ、弛緩型と様々で、麻痺のある側と筋緊張の強さは必ずしも一致していない。またAグループのメンバーは時計描写テストと線分抹消テストにより、視覚的な失認がないことが確認されている。

次のBグループは対照群で、12人の健康な人達である。53～87歳の女性が7名（平均年齢72.7歳）で、59～86歳の男性が5名（平均年齢79.0歳）である。

(2) 筋緊張の強さの判定

被験者は、佐藤（1986）の用いた方法を筆者が一部改変した方法を用いて、身体のどちらの側の筋緊張が強いかが確認された。この測定は、頸の傾き、体幹の傾き、股関節の屈曲、足関節の背屈について4段階で評価した。ステージ1は弛緩あるいは低緊張と呼ばれる状態で、特に抵抗なく検査者の手で動かすことができる状態である。ステージ2は緊張があまり強くない状態で、検査者が手で動かすと軽い抵抗のある状態である。ステージ3は緊張の強い状態で、手で動かすと強い抵抗のある状態である。ステージ4は極度の亢進状態で、手で動かしてもほとんど動かせないほど緊張が強い状態である。左右のそれぞれの場所について筆者が測定し、ステージの数値を合計したものが多い側を筋緊張の強い側と判定した。

(3) 垂直判断の手続き

課題は、黒塗りの円盤（直径30cm）の中心で、円盤上を回転するように固定した30cmの長さの棒を、被験者の指示によって実験者が垂直の位置に調整するものとした。周囲のものと比較して判断することを避けるために、実験は暗室で行った。棒には液体の蛍光塗料が封入してあり、被験者が暗い中でも見えることが確認されている。被験者は円盤から30cm離れた位置に立つようにした。一回の検査で8回のテストを行い、4回は左側に30度傾いた位置から時計周りに調整し、4回は右側に30度傾いた位置から反時計周りに調整した。なおそれぞれの向きはランダムに提示された。また、椅子もしくは車いすに座った姿勢でリハーサルを一度行ってから検査を実施した。

3 結　果

(1) 片麻痺群と統制群の比較

Aグループ（片麻痺群）とBグループ（統制群）の判断のズレと標準偏差を表2-1に示す。判断が垂直から右方向にずれている場合を正（＋）で表示し、

表2-1　片麻痺群と統制群の垂直判断の結果

Group	平均値	標準偏差
Aグループ（片麻痺群）	3.70	4.50
Bグループ（統制群）	0.95	0.29

注：＋は右方向、－は左方向へのずれを表す。

左方向にずれている場合を負（－）で表示した。

AグループとBグループの標準偏差の値について分散分析を行ったところ、有意差が認められた（$F(1,26)=4.42, p<.05$）。また両グループのズレの平均値についてマンホイットニー検定を行ったところ、両群に有意傾向が認められた（$U=55, p=0.06$）。

（2）筋緊張の強さと垂直判断のずれ

緊張の強さと麻痺側の関係を表2-2に示す。左側の緊張が強い群（左偏位）には右麻痺者がいないために左麻痺のみである。右側の緊張が強い群（右偏位）は、右麻痺が5人と左麻痺が2人の計7人であり、緊張の強さに左右差が認められなかった人（偏位なし）が右麻痺で2人であった。

筋緊張の偏位と垂直判断のずれについて表2-3に示す。筋緊張の左右の偏位と垂直判断のずれについて t 検定を行った結果、有意差が認められた（$t(13)=3.05, p<.05$）。また筋緊張の偏位（右・左）×垂直判断の偏り（右・左）の2要因分散分析を行った結果、筋緊張の偏位に主効果が認められた（$F(1,13)=9.73, p<.01$）。なお、片麻痺のある側と垂直判断のずれについても分散分析を行ったが、有意差は認められなかった（$F(1,13)=3.02, ns$）。

表2-2　麻痺側と緊張の強い側

	左偏位	右偏位	偏位なし
右麻痺	0	5	2
左麻痺	7	2	0
計	7	7	2

表2-3 筋緊張の左右偏位と垂直判断のずれ

	筋緊張の左右偏位		
	左偏位	右偏位	左右差なし
平均	2.80	−3.09	2.44
標準偏差	4.23	2.66	0.98

注：＋は右方向、－は左方向へのずれを表す。

4 考 察

　結果(1)より、片麻痺群では統制群に比べ判断をする上でのばらつきが大きく、判断が不安定であることがわかる。また、統制群の方が片麻痺群よりも判断は正確な傾向にあることがわかる。片麻痺群の平均年齢が63.1歳であり、統制群の方が平均年齢が75.3歳とむしろ高齢である。しかし判断が正確で安定していることから、垂直判断に年齢が高いことはあまり関係していないこともわかる。

　結果(2)より、垂直判断は筋緊張の強い方とは反対の方向に偏ることが明らかとなった。この結果は、H.ウェルナーとS.ワップナー（1952）の緊張―場理論や、脳性麻痺者で慢性緊張のある側と反対にずれた佐藤（1986）の結果を支持するものとなった。また、麻痺のある側との関係で論じたH.G.ビルヒラ（1960）やG.フリードマン（1970）とは異なる結果となった。今回の結果から明らかとなったのは、視覚的垂直判断は麻痺のある側ではなく、筋緊張の強さとの関係が認められたことである、また、佐藤（1986）は脳性麻痺者を対象にしており、生まれつきの肢体不自由がある場合でも、本実験の対象者のように高齢になってからの中途障害であっても、同様の結果を示したことは興味深い。このことは筋緊張と視覚的判断の関係が、生育過程での経験的な学習による影響よりも、本来的に備わっているものの影響を大きく受けていることが考えられる。

　強い慢性的な筋緊張は、恐らく筋紡錘や腱紡錘などの固有感覚器に影響を

与え、自分の身体の状態についての知覚を混乱させる可能性が高い。固有感覚とは、空間中における自己身体の位置や状態と外界の変化に関する情報を与えるものである。つまり、空間内における自己身体の位置や状態についての知覚にゆがみが生じた可能性が考えられる（図2-1）。

また、緊張の左右差と判断のずれの方向に関して干川・大神（1988）は、強い筋緊張に関連した自らの身体認知の影響による過剰修正によって生じると指摘している。今回の被験者らの場合、筋緊張と姿勢に独特の関係をみることができる。すなわち本実験における筋緊張の測定部位は、頸、体幹、股関節屈曲、足関節背屈である。頸と体幹の側屈への抵抗を生む筋緊張の亢進はそちらの方向への姿勢の傾きを生じさせる。同様に、股関節屈曲と足関節背屈への抵抗を生む筋緊張の亢進は、亢進している側と反対方向への姿勢の傾きを生じさせる。例えば全体的に右側の筋緊張が亢進している場合には、後ろから見ると「く」の字に全身の姿勢が傾いていることになり、決して直線的に姿勢全体が傾くわけではない。今回の結果では、このように後ろから見て「く」の字の姿勢になるような被験者の場合に垂直判断が左側に偏ることとなる。この姿勢が過剰修正に結びつくという可能性は十分に考えられる。このような過剰修正は、意識的・自覚的に行われたものと考えるよりは、非意識的・無自覚的に行われたものと考える方が妥当であろう。そして、空間内における自己身体の位置や状態についての知覚のゆがみが、そうした、過剰修正をもたらしたと考えることも可能であろう。そのことが、環境との関係で成立する身体的自己（P.ロッシャ2001）あるいは生態学的自己（U.ナイサー 1988）の変容をきたしたことが考えられる。

身体的自己が統合された後、すなわち筋緊張の左右差が小さくなった後で垂直判断がどのように変化するか、その前後を比較することによって、身体的自己の変容が外界知覚とどのように関連するかがより明確に示すことができると考えられる。しかしながら、今回はそこまで調査が至らなかったため、今後の課題とする。

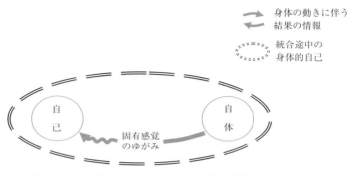

図2-1　固有感覚のゆがみが自己に与える影響

第2節　身体的自己の統合に伴って現実感覚を取り戻した事例

1　はじめに

　筆者らのグループが行う肢体不自由児をはじめとした障害児のための療育活動は、既に40年を超える実践が行われており、幼児期から参加をしていた者も多くが青年・成人期を迎えている。そうした中には就労・社会参加をしている者も多いが、中には施設適応に問題を生じ、特異的な症状・反応を示す者もいる。そこには肢体不自由者が遭遇する社会生活上の困難や身体運動の不自由さ、周囲の人達とのコミュニケーションの難しさなどの要因が複雑に絡んでいる。これまでこうした肢体不自由児・者の不適応については、臨床的には対応されていながらも、その経過については十分に検討されてこなかった。

　本事例は、施設入所を契機に引きこもりと暴力行為を繰り返し、対人関係が破綻した肢体不自由の成人である。このクライエント（以下"Cl"と略記）の行動についてはその理由が数ヶ月にわたって了解されず、本人だけでなく

家族を含め周囲の人たちも苦悩していた。今回の面接を通じて、本人の主観的時間が施設入所時で停止しており、主観的時間と客観的時間の食い違いから心的混乱を生じていたことが了解された。本報告は、そのことをClが言語的に表現するまでの面接過程を報告し、そこで行われた援助の内容について検討し、援助によって統合されたClの身体的自己について考察する。

2 臨床動作法と身体化された自己

　脳性麻痺等のある人（子どもも含む）の肢体不自由を改善するための有効な方法として動作法があるが、動作法は他の障害児や精神障害者にも広く適用されるようになり、その効果が報告されている（鶴1992、清峰1996）。そして自分の意図どおりに身体を動かそうと努力する過程である「動作」という手段を用いて、心と身体の健康と主体活動の活性化・安定化を図るための方法が臨床動作法と総括されている（成瀬1995）。そして臨床動作法は、「体という、まさに自己と密接に結びつき内なる現実の基底である存在への自己のかかわりかたを見直し、最も確かな現実をみとめる（藤岡1987）」可能性を持つものと言える。

　石倉（1995、1996）は障害高齢者に臨床動作法を適用する中で、自分の「からだの感じ」にどの程度向き合えるようになるかが心身活性化のために必要であることを示唆した。そして障害高齢者において、肩関節周囲筋の随意収縮といった自己の身体運動についての知覚や、身体運動と運動感覚の協応が得られるようになるにつれて、施設への適応や対人交流が活発になることも同時に示した（石倉1998）。こうした変容過程には、高齢者が障害をおった自分の身体に向かい合い、自分の身体の動きや姿勢についての感覚が明確となったことが大きく貢献していると考察している。こうした自分の身体についての感覚が明確化されることで、自己に関する新しい知識や気づきは、「身体的自己（P.ロッシャ2001）」と呼ぶことができる。

3　事例の概要

事例紹介：江口氏（仮名）　26歳　男性

診断名：脳性麻痺

生育歴と訓練歴：前置胎盤早期剝離で8ヶ月の早産、出生時体重1900グラム。一ヶ月間保育器を使用。2歳のときに近くの療育施設で脳性麻痺と診断される。診断直後より療育に取り組み始め、5歳より心理リハビリテイションキャンプ（以下"キャンプ"と略記）に参加する。

日常的には、車椅子を使用して一人で移動可能で、身の周りのことは自立している。壁を伝って歩くことができ、場合によっては両側ロフストランド杖使用で歩くこともできる。数年前に自動車運転免許を取得し、改造車にてドライブを楽しむこともあった。

現在の問題（母親面接にて聴取）：独語が著しく多く、家族を始めとして他者とほとんど話をしない。目もそぞろで、落ち着きがない。家庭内暴力の状態で、家族や他者をすぐに叩いて寄せ付けない。

問題の経過（母親面接にて聴取）：25歳の秋（「X年9月」とする）、技能取得のため某身障者施設（以下「A施設」と略記）に入所。入所当初に江口氏は、A施設のグラウンドで車を運転したり、食堂のメニューが選択式であることなどを期待していたが、実際にはそうしたことは行われていなかった。それらのことが契機となり、職員とうまくいかなくなりはじめ、施設職員からは「（江口氏）お前が悪い」と言われ続けた。入所3ヶ月後のX年12月より、支離滅裂なことを言ったり、部屋をウロウロするなど、奇妙な行動がみられはじめる。冬休みに実家に戻り、休み明け（X＋1年1月）に江口氏は「（A施設には）行きたくない！」と強く拒否をしていたが、精神科を受診した後、落ち着いて施設に戻って行った。ところが三日目にA施設から電話連絡があって母親が迎えに行ったところ、目がギラギラしていて、明らかに眠っていない様子であった。自宅に連れ帰ると江口氏は「施設の人にいじめられた」

と母親に訴えた。それに対して、母親が「そんなことはないだろう」と応えたところ「他の人と一緒や」と荒れだして、家庭内で暴力を振るうようになっていった。X＋1年5月に、A施設の方から「是非もう一度入所してみて欲しい」と言われ、数日間の入所を試みる。その後に独語が著しく多くなり、目もそぞろとなり、他人と話しをしないようになる。しばらくA施設への通所も試みるが状態は改善せず、この頃が最も状態不良であった。X＋1年8月にA施設への通所を中止するが、江口氏の状態は変わらず現在にいたる。

　当キャンプに参加したきっかけは、X＋1年夏に江口氏の地元で行われたキャンプに参加したところ、たまたま江口氏の幼少時からのことを知る指導者に会って話しをして、母親自身がとても気持ちが楽になった。そしてその後、もう一度他所のキャンプに参加したところ、今回のキャンプに来るように奨められて参加することとなった。

　見立てと方針：以前より江口氏は自らの肢体不自由について、「力をつければ治る」「パワーでうち克つ」といった「(筋)力」による治癒を信じるなど、やや未熟な万能感がうかがわれた。また対人関係についても、自分に役に立つ人かそうでないかといった二分極した考え方をするなど、社会性の未成熟な部分もうかがわれた。こうしたいわば人格の未熟さを背景にしながら、現在の暴力による対人関係の拒絶がX年・X＋1年の施設入所に起因していることは容易に想像できた。

　しかしここで、江口氏の人格成熟そのものや成熟過程に関わる親子関係、或いはA施設との関係などを扱う原因探索的アプローチは得策ではないと考えられた。というのもこの時点での江口氏は、近づこうとする他者に暴力をふるおうとすることで他者を寄せ付けず、相互交渉がひどく困難な状況であった。またこれまでの経過や、現在の落ち着きのなさ、独語の多さなどから、他者への強い不信感情を基盤に自分の内的世界に長くこもりきりになっており、現実感覚が希薄になっていることも推測された。そこでとにかく、他者との相互交渉ができるようになることが先決であり、言語的・非言語的相互

交渉を通じて筆者である担当セラピスト（以下"Th"と略記）と江口氏との意志疎通を図ることが第一に必要と考えられた。

　治療への動機づけが困難であったり、関係形成が困難な場合には、「身体」や「動作」を媒介にした治療モデルが有効であることがこれまで示されている（針塚1993、木下1994）。そこで江口氏に対しても、「動作」による相互交渉を通じて、最も身近でリアルな存在である自分のからだに気持ちを向け、運動感覚の明確化を図ることで現実感覚の回復や心理的安定につながることが期待された。

4　面接の手続きと構造

　キャンプの期間：X＋2年3月15日～3月21日
　キャンプの場所：B県C郡にある社会福祉法人運営の宿泊研修施設
　キャンプの構造：30名のClを30名のセラピストが期間を通して個別に担当する。動作面接は1日3回設定され、集団療法、生活指導、親面接などが期間中に並行して行われる。Clとセラピストは5組ずつグループ分けされ、動作面接は2グループずつが同じ部屋となった集団形式で行われる。
　面接者のスーパーバイザー：江口氏とThを含めた5組のペアについて、スーパービジョンを行うスーパーバイザー（以下"SV"と略記）がおり、さらに全体指導者が、全体の30組についてSVを通じたり適時直接のスーパービジョンを行う。いずれのスーパービジョンも、当キャンプ実施中に随時行われる。
　課題構成：動作課題として、膝立ち姿勢で股関節を軽く曲げたところで、きちんと体重をかけて踏み締めて立つ、ことが設定された。その際、自分のからだに現実感を持たせる中でやり取りをするように、対応上の留意点がSVより指摘された。

5　面接経過（「　」は江口氏の発言、〈　〉はThの発言を指す。）

（1）1日目（3月15日）

○坐位での背反らせ課題とその様子

　江口氏が床にあぐらで坐った後ろにThが坐って働きかける。肩から胸にかけて入っている力を江口氏が自分でゆるめられることをねらいとする。

　猫背気味となっている江口氏の上背部を、Thの片方の下腿にもたれかけさせるようにしながらゆるめようとするが、江口氏は肩を少し動かすだけである。そのときに、江口氏が腰を反らせようとするのをThが抑えると、江口氏は「違う！」「わかってない！」と大声をあげたり、Thの頭や手を叩いたり引っ張ったりする。

○膝立ち課題とその様子

　Thは膝立ち姿勢になった江口氏の真横に坐って、江口氏が膝でしっかりと踏み締めて立つことをねらいとする。そのためにまず、上半身を起こしたままでの両股関節の屈曲・伸展動作を課題とする（図2-2）。

　その際右股は伸展傾向が強いために屈げにくく、逆に左股は屈曲傾向が強いために伸ばしにくい。また右で踏み締める際に江口氏は、腰を右外側に過剰に動かしてしまい、体重をかけた状態で静止することができない。また左で踏み締める際には、左股関節が屈曲した状態であるために、十分に体重をかけることができない。

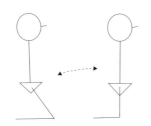

図2-2　膝立ち姿勢での課題動作

○面接中の様子と身体への向きあい方

　課題中の江口氏は独語が多く、また声も小さくはっきりしないため、何を言っているのか聞きとれない。Thが〈何？〉と尋ねても、「あ、いい」と言おうとしない。

　また膝立ち課題では、横に坐っているThにわざと体重をかけて寄りかかりながら、

「これくらいで倒れてちゃ、何もできませんよ」と、挑発するような態度をみせることもしばしばあった。課題の合間には、頸を少しかしげてのぞき込むようにして、ジト〜っとThの様子をうかがう。会話は少なく、面接の雰囲気はあまり良くない。

　江口氏はThの働きかけにかなりの注意を向けているか、そうでないときは自分の世界に関心を向けているようである。

○日常場面の様子

　面接場面以外の食事や休憩場面ではThとの会話もあり雰囲気は良いが、内容的には日常生活や野球に関する話が断片的に語られ、Thには理解できないことも多い。

○Thの印象・内省

　このように攻撃的・挑戦的なClに初めて出会い、関わりの糸口をどう見つければよいか非常に戸惑う。攻撃を向けてくることに怒ってみてもClのペースに巻き込まれるだけであり、適当にかわしながら、しかし離れないようにしようと考えるのが精一杯である。

○SVの指導・助言

　動作面接では、自分の身体に現実感を持たせる中でやり取りをする必要がある。そして動作課題に江口氏がきちんと取り組むように促す方がいい。江口氏が自分の世界に入り込んでしまうよりは、Thに向かってくるぐらいでいいが、Thを殴らせないようにしないといけない。また江口氏は、Thがどれくらいきちんと扱える人かどうかも観察しているから、あいまいな援助は避け、きちんと対応する方がいい。

　こうしたSVの助言を受けて、戸惑っていた気持ちを取り直し、動作課題をやり通すことを自分の中で確認する。しかし、本当に大丈夫だろうか、殴られるんじゃないだろうか、やり取りができるようになるのだろうかと、少し不安も残る。

(2) 2日目（3月16日）

○膝立ち課題とその様子

　股関節の屈曲・伸展動作や左右への踏み締め動作をうながすことをねらいとする。江口氏の右横に坐ったThが、江口氏の両腸骨に後ろから左腕をかけて腰をしっかりと抱えるように補助し、さらに江口氏の右上腕を持って動作の補助を強めにするとやっと踏み締め動作をしようとする。しかし江口氏は、補助しているThの手にすぐつかまったり、寄りかかることも多い。

○立位課題とその様子

　江口氏の上半身が倒れないように補助者の手を借りながら、上半身をまっすぐに起こしたままで、膝曲げ動作と呼ばれる下肢全体の協調した曲げ伸ばし動作を行うことを課題とする（図2-3）。その際、Thが左脚をしっかりと補助しないと江口氏は安定して立つことができず、また上半身全体で強く力んでしまう。

○面接中の様子と身体への向きあい方

　Thが課題と少し違う動きを誘導したり、動かす部位や方向を明確にしないと、独語が増えたり「しっかりしてよ！」と怒鳴ったりすることが多く、時に「（違う所が）動いたろーがー」とThを責めたりすることもある。このように江口氏の注意は、江口氏自身の身体よりもThやThの働きかけに多く向いている。

　だが、膝立ち動作や立位動作など抗重力姿勢での動作課題を行う際に、江口氏の独語が少なくなることがみられた。またThが〈何？〉と尋ねたときに「もういい」と退けることも少なくなる。

　こうしたことから、自分の内的世界に向いていた関心が次第にThに向けられるようになったことがうかがえる。しかし、依然として独語

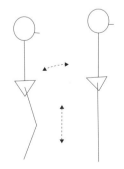

図2-3　立位姿勢での課題動作

の内容は了解困難であることが多い。例えば、膝立ち動作課題の際に Th が〈おちんちんを前に出すように（腰を）動かしてごらん〉と促すと、「ちんちんと⑥番（股関節）は15cm くらい離れている」「野球ではそんなに離れたらストライクとボールが…（Th には聞き取れないくらいの声で曖昧にしゃべる）」「プロ野球が…、高校野球ではストライクなのにボールが…」といった様子である。
○日常場面の様子
　日常場面では、Th や他者に江口氏の方から話しかけることはないものの、ロビーで大勢の中に黙って座っている様子が見られる。
○ Th の印象・内省
　Th の働きかけに対しての手応えが少なく、また反応があってもそれが攻撃的・挑戦的な言動であることが多いため、非常に疲れる。自由時間にロビーにいる江口氏の所に行って話をしようという意欲もわかない。それでも立位・膝立ちの抗重力姿勢の動作課題で独語が少なくなることから、自分の内的世界に向いていた江口氏が Th に向いてくるようになることで、相互交渉の糸口が見えてくるような気がした。

(3) 3日目（3月17日）
○膝立ち動作課題とその様子
　膝立ちでの踏み締め動作を課題とする。後ろから軽く腰を抱えるように補助するだけで、江口氏は左右に体重をかけて踏みしめようとする。特に左側は安定良く姿勢を保持できる範囲が広く、右側も範囲は狭いながらも安定して体重をかけて立つようになる。
○面接中の様子と身体への向きあい方
　この日の江口氏は一日を通じて、倒れる振りをして Th の顔を叩いたり、噛みつこうとしたり、Th を蹴り飛ばそうとするなど、攻撃的な様子が頻回にみられた。このように強い抵抗が見られたものの、同時に膝立ち動作が少

しスムースにできるようになることから、自分の身体に向き合う様子が見え始める。

　また江口氏は、自分の思いをかなり口に出して言えるようになってきており、Thとの会話も増え、日付や時間のこと、それに誕生日の話題が多く語られる。江口氏自身の誕生日のことと思われるが、「12日だけど、14日か15日か、16日かもしれん。計算の仕方で違う。午前0時5分だと、…。」というように、江口氏自身か誰かの年齢にこだわりがある様子もうかがえた。しかしその話の内容は理解が困難であった。

○日常場面の様子

　居室での江口氏は、他の成人Cl達に興味がある様子で、彼らの部屋の近くを黙って行ったり来たりしている場面にたまたま出会う。〈どうした？〉と尋ねると、黙って行ってしまう。

○Thの印象・内省

　3日目にして最高の抵抗を感じる。顔をまともに叩かれないようかわしながら、受け流すことで昂ぶりそうになるTh自身の感情をコントロールする。その一方で、動作課題への取り組みが見られ始めたこと、会話が増えてきたことから相互交渉ができそうな期待を感じる。

○SVの指導・助言

　江口氏に、自分の身体の動きの感じを尋ねるようにすること。その際、江口氏が自分の状態を言語化できるような聞き方をするように心がけ、自分自身の身体の動きに注意が向くように働きかけるよう、助言を受ける。

　こうした助言を受け、会話が少し可能になってきたこともあって、言葉による問いかけを増やし、またより細かな感じまで尋ねようと考える。

（4）4日目（3月18日）

○膝立ち動作課題とその様子

　自分で動いているという実感を持ちながら、膝立ちでの踏み締め動作をね

第2章　身体的自己（Embodied Self）の発達と統合　43

らう。この日の江口氏の腰の動きは非常に滑らかで、Th の軽い補助だけで右脚の踏み締めをする。また、〈どこが一番安定する感じがする？〉と尋ねると、「ここ（がちょうど安定のいい所）！」と応えたり、Th が腰の動きを補助しながら〈どこが動いてる感じがする？〉と尋ねると「こう動かすといい」とはっきりと応える。江口氏本人も、力の入り具合や動きの様子が了解できていて、どこか満足気でもある。

　次に Th の補助を離し、江口氏に自分一人で左右への踏み締めをするように促す。左脚では体重をかけて一人で踏み締める。しかし、右脚に体重をかけようとすると体重がちょうど両脚に同じようにかかったと思われる所で動きを止めてしまい、それ以上動こうとすると前に倒れてしまう。

○面接中の様子と身体への向きあい方
　この日は自分の身体の動きの感覚をきちんと感じ取って、それを表現するようになり、自分の身体へ向きあえるようになってきたとがうかがえる。それと同時に動作的・言語的相互交渉がスムースになる。また江口氏も動きを感じながら、自己探索的に身体を動かすようになる。

○日常場面の様子
　集団療法の場面で、江口氏が母親にもたれかかって座っている姿が印象的であった。

○Th の印象・内省
　動作を通じた相互交渉が成立し始めたことに安堵感をおぼえる。どうにかなりそうだという手応えと、根拠はないながらも、落ち着いていきそうだという見通しを感じる。

（5）5日目（3月19日）
○膝立ち動作課題とその様子
　Th の補助なしで、一人で膝立ちでの踏み締め動作ができるようになることをねらう。課題には補助なしで取り組みはするものの、江口氏は右脚で踏

み締めようとしても、両脚に同程度の体重をかける位置までしか動かさない。しかし、自分の身体の動きにはじっと注意を向けて取り組んでおり、〈今どっちに乗ってる？〉と Th が尋ねると「左」と正確に応える。

○面接中の様子と身体への向きあい方

自分の身体の動きの細かな感じまで表現するようになる。またそうした細かな身体の感じと照らし合わせながら、微妙な細かい姿勢調整も行う。

○日常場面の様子

朝、江口氏は同じ班の他の Th に「おはよう」と大きな声で挨拶をする。また昼食時には、同じ班の小さな子に「果物あげる」と果物を自発的に分けて上げる様子がみられた。

また集団療法でのぼりを作った際に、B4の用紙二枚を使って「天下統一」と大きく書く。その字をみて母親は、こんなに大きな字をしっかりと書いたことはこの間なかったと話す。

○Th の印象・内省

相互交渉が深まってきた実感を得る。また他者と自発的な交流を始めたことや、集団療法のエピソードから、キャンプが効果的に展開できているという実感も得ることができる。

○SV の指導・助言

できないところを追い込みすぎず、彼に状態を尋ねて表現させるように心がけること。課題をきちんと伝え、身体もきちんと支えて、そして補助もきちんと離すようにすること。

こうした助言を受けて、明日はキャンプの最後の締めくくりとして、補助を離して江口氏の動作が自立的になることを目指そうと考える。

（6） 6日目（3月20日）

○膝立ち動作課題とその様子

Th の補助なしで、踏み締め動作ができるようになることを目指す。江口

氏はわずかではあるが苦手の右脚でも、体重をかけて踏み締めるようになる。そして課題動作を自分なりに「(右脚を) グーンと伸ばして、ピシャッといけばホームランたい」と表現する。

○立位動作課題とその様子

　なるべく補助を外して、自立して立つようになることを課題とする。Thが正面に坐って、江口氏の膝の間にThの膝を入れることで、両膝の屈曲と股関節の内旋を止めるように補助するだけで、江口氏は自分で骨盤の後傾を起こして立ち、伸び上がるようにして真っ直ぐに立つ。〈どこに力が入っている感じがする？〉と尋ねると、江口氏は自分の右の内腿を指して、「ここに力が入っている」と語って満足げに取り組む。

○面接中の様子と身体への向きあい方

　自分の身体の動きを感じながら姿勢の微調整をしている。動作による相互交渉は微細なものまで可能となり、言語的にも疎通性が非常に良い。

○日常場面の様子

　集団療法でグループ全員に寄せ書きをした際、江口氏は日付の西暦を「X年」と記す。Thが〈X＋2年〉と訂正すると「ふざけすぎ！」と怒る。Thが〈あ、今X年やったかな？〉と問い返すと「当たり前！」と確信をもった返事が返ってきた。このときにThは、江口氏がなぜ誕生日にこだわっていたのかが推測できた。彼にとって今はX年であり、自分は24歳であるはずなのに、みんなは自分のことを26歳だと言う。そして自分の年齢だけでなく、母親の年齢も違うし、Thの年齢も違うし、全ての人の年齢が違う。それが理解できずに混乱していたのではなかったのか。

　夕食後母親にこのことを告げると、母親も同様のことに昨夜気づいたということであった。昨夜江口氏は成人のClが集まっている部屋に行き、そこにいた人に「自分の誕生日と先生の誕生日が違う」といった内容のことを熱心に話したらしいが、成人Clの皆には理解不能であった。しかし母親は、江口氏が自分の思いをこんなに話したのは初めてのことと驚き、その後居室

において二人でじっくりと話しをした。その際に母親は彼にとっての現在がX年であることに気づいたということであった。

また寄せ書きでは、小さな子どもには「訓練痛いだろうと思います。また会いましょう。」成人 Cl には「学生生活で一人暮らし。食生活に気をつけて。」と、相手への思いやりにあふれた優しい表現がみられ、Th を驚かせた。
○ Th の印象・内省

江口氏の主観的時間が止まっていたのではないかという推測に至り、非常に驚きを感じる。その江口氏の内界を想像し、彼の心的混乱の大きさに胸が痛んだ。そして江口氏にとって失われた2年を取り戻す術があるのか、どうすればよいのかという困惑にかられた。

(7) 7日目（3月21日）

この日は母親面接が主である。

X＋1年1月7日に再度A施設に行く話しをし、1月10日に精神科を受診した。そこでA施設への不満を述べ、「施設の改革をしたいができない」「国会議員になって（施設を）改革してやる」というような思いを語ったところ、厳しい指導を受けたということであった。それで、彼は自分の中で7日8日9日10日という日付も否定しているということが、19日の夜に彼と話しをしたときにわかったと母親は更に語ってくれた。

6 面接経過のまとめ（図2-4参照）

(1) 江口氏への接近と相互交渉

Th は当初、江口氏が Th に対して攻撃性を向けてくることに強い戸惑いを感じていた。また江口氏から Th に自発的に話しかけてくることもなく、ジト〜と見据えられることにも戸惑いを感じていた。また彼なりに身体の動かし方の型があり、その型から外れるような援助を行うと Th を叩いたりすることが、初日の段階で理解できた。しかしその叩かれることに Th が反応

第 2 章　身体的自己（Embodied Self）の発達と統合　47

	Th の働きかけ	Cl の動作	面接場面の Cl の様子	Cl が向きあっている対象
1日目	Th が動きを主導して、課題を伝えようとする。	膝立ちでの踏み締めで、十分に体重をかけることができない。	独語が多く、問いかけにも応じない。時に大声をあげたり、Th を叩こうとする。	Th や Th の働きかけに注意を向けているか、自分の内界に関心を向けている。
2日目	Cl の腰をしっかりと抱えるように補助しながら、強めの補助をする。	立位では、左脚の十分な補助と補助者の介助を受けて立っている。	抗重力姿勢での課題の際に独語が少なくなるが、その内容は了解困難。	Th や Th の働きかけに多くの注意が向いている。内界への関心が少し薄れる？
3日目	膝立ちで、後ろから腰を軽く補助しながら、踏み締めを促そうとする。	膝立ち姿勢で、右膝に体重をかけて踏み締める。	Th を叩いたり、蹴り飛ばそうとする。了解困難ながらも、Th との会話が増える。	Th の働きかけにも注意は向いているが、Cl 自身の動作にも向きあうようになる。
4日目	補助はごく軽いものとし、Cl のからだの感じを確認する問いかけを多く行う。	膝立ち姿勢で、自分一人で補助なしで左脚に体重をかけて立っている。	力の入っているからだの部位を Cl 自身で示しながら、自発的に動こうとする。	Cl 自身のからだの動きの感じにきちんと向き合う。
5日目	Th の補助はなくし、からだの動きの微妙な感じを尋ね、それを確認しあう。	膝立ちの際に補助なしで、両脚に同程度の体重をかけて立っている。	自分のからだの動きにじっと注意を向けて課題に取り組む。	からだの細かな感じに向き合うようになる。
6日目	Th の補助をなくして、言葉や指先の指示で、自発的な取り組みを促す。	立位姿勢では、自分で腰を起こして、伸び上がるようにして真っ直ぐに立つ。	からだの動きの感じを実感しながら、動きを微妙に調整している。	からだの動きの感じと、からだの動きそのものと、その両方に向き合っている。

図2-4　江口氏の動作面接過程

して、江口氏の型の中だけで相互交渉を行っていても、江口氏と Th の関係は深まらないであろうことも予想できた。そこで彼なりの型、言い換えれば彼なりの身体の世界があることを認め、それを否定することは避けることに留意した。その上で、「ここをもう少しこう動かしてみようか」「こんなふうに動いたね」「ここが伸びたな」などと、彼なりの型を少しだけ超えるような課題動作を具体的に示した。そしてわずかな動きであっても、その動きや動いた場所を明確に伝え返すことで、江口氏なりの身体の世界へ迫ろうとし

た。

　2・3日目のThは、江口氏の身体の動きを細かくとらえ、その動きについて即時的に問いかけ、伝え返すという働きかけを積み重ねた。その中で、Thには時々攻撃的な行動が向けられるものの、Thと江口氏の両者が江口氏の身体の動きの感じを同じように感じ取ることができるようになり、相互作用の対象としての身体が共有され始める。それが明確に現れるのは、4日目になって江口氏が動きの感じを言葉で表現するようになってからである。この日以降、Thが課題動作を示し、江口氏はそれに応じた動きをし、それを両者で確認し、検討するという、動作を媒介にした相互交渉が成立するようになる。ここでやっと、Thは江口氏なりの身体の世界に迫れた実感を得ることができた。

　4日目以降のThは、この相互交渉を深めながら江口氏なりの身体の世界を拡げることを狙いとした。すなわち、江口氏は自分なりのある一定の型から外れることができないでいるわけだが、そこから少し外れてみようかと思ったり、あるいは外れても落ちついていられるようになることをねらって、実際に自分なりの型から外れて動いてみることを促した。具体的には、十分な補助をしながら、膝立ち姿勢で股を伸ばして踏み締める動作や、立位で膝・股を伸ばして踏み締める動作など、重力に抗しながらより能動的に細かく動く必要のある課題を取り入れた。そうすることで江口氏は自分の姿勢を細かく調整するようになり、からだの動きも滑らかになっていった。

（2）自己表現と他者交流

　江口氏はキャンプ参加前には独語が著しく多く、他者と話しをしないだけでなく、叩くことで他者を拒絶もしていた。キャンプ初日も同じような様子が見られ、独語についてThが尋ねても「あ、いい」と退けていた。3日目ではそうした独語や他者を退けることが減り始め、野球や誕生日のことなど了解困難な内容ながらも、Thにも聞こえるような話が増え、相互交渉の糸

口が見えてくる。そして4日目以降には、独語はほとんどなくなり、面接中には課題に関わる身体についてのことが多く語られるようになり、言語的・非言語的な相互交渉がスムースに行えるようになる。

　そして他者との関わりではっきりした変化がみられるようになるのも4日目以降である。まず4日目の集団療法場面で江口氏は母親にもたれかかって座っている。子どもではよく見られる光景であるが、今回の問題が出現して以来、このように母親に身体を密着させることはなかったことを後に母親がThに語ってくれた。そして5日目には他のThに初めて自分から挨拶し、食事場面では班内の子どもに自分から果物を分けてあげるなど、自発的な他者との関わりを見ることができた。そしてその夜には成人Cl達の部屋を訪れて自分の思いを色々と語る。残念ながらその話しはうまく伝わらなかったようであるが、このエピソードはその直後に母親とじっくりと話しをする直接の機会となり、そのおかげで母親の江口氏への理解が深まることになった。さらに6日目の集団療法場面では、他者への思いやりのあるメッセージを記してくれる。

　X年からの問題が生じて以来江口氏は、他者に何かを表現するということができなかったが、今回自分をこれだけ表現できたことはThだけでなく母親にとっても驚きであった。

　キャンプが終了して約2年後に母親と会ったが、江口氏の暴力行為は殆どなく、母親と多少の会話もある。それなりに落ち着いた状態ではあるが、X年以前の状態に戻ったわけではないということであった。キャンプへの参加はその後も年1〜2回程度続いている。

7　考　察

　身体的自己（P.ロッシャ2001）とは、自己探索的な身体運動によって自分の身体を特定し、そのことで得られる自己に関する新しい知識や自分自身への気づきと言うことができる。すなわち身体運動そのものが刺激となって、

その運動によって引き起こされた自分の身体の状態と外界の変化を知覚するという、自己の状態と環境についての「共知覚」によって、「自分自身」と「外界のモノ（他者や物）」の区別が可能になると言われる。さらにここで生じる知覚と行為の即時性の中で、乳児は「今」「ここ」で生じている出来事を理解できるようになると考えられている（P. ロッシャ 2001）。

　江口氏との動作面接においては、特に固有感覚、すなわち自分の身体の動きに伴って変化する自分自身の身体の状態や空間内での位置に関する情報をCl本人に明確につかんでもらうことを中心に課題を設定した（図2-5）。そして身体の動きも、Thが他動的に動かすわけではなく、Cl本人に能動的に動いてもらうことが重要であった。結果的にThは本面接において、Clが自分の身体の動きの感覚に注意を向け、あわせて能動的な動作を行うために自己身体を操作の対象として選択することを求めていた。これは、動作法という外部からの働きかけによって、不明確となっていた「身体的自己」の統合を目指そうとしたものでもあった。そして共知覚によってもたらされる「今」「ここ」についての理解と情報は、江口氏に現実感覚を取り戻させることに有効に働いたと思われる。現実の時間への気づきはそれを顕著に物語っている。

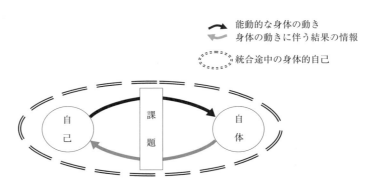

図2-5　身体的自己とその統合のための課題設定

そもそも身体的自己は、胎生期からその形成が始まっているものと考えられており、生後2ヶ月頃までに乳児が自分自身を環境中の他のモノとは異なる存在として気づくようになることが、その最初の段階と考えられている（P. ロッシャ2001）。しかしそれは生後2ヶ月で終了してしまうものとは考えにくく、運動発達において原始反射が表面的には消失したように見えても運動メカニズムの最も重要な基盤として、高次な運動の中に「統合」されていくのと同じように、身体を基盤にした自己もさらに高次な自己の中に「統合」されていくと考える方が自然である。脳血管後遺症などの運動障害が生じた際に原始反射が表面に現れてそれが運動機能回復の中で新たな運動パターンが形成されるように、「自己」が何らかの危機にさらされたときに表面化し、それがまた新たにされていくと考えることができる。

　江口氏は、A施設とのトラブルをきっかけにして引きこもりと暴力行為で対人関係が破綻しており、様々なレベルでの「自己」が危機にさらされていたと思われる（図2-6）。それを最も原初的な自己のレベルである「身体的自己」に立ち返って、その統合を図った取り組みと考えると、現実感覚の回復まで得られたことの説明が可能になると思われる。

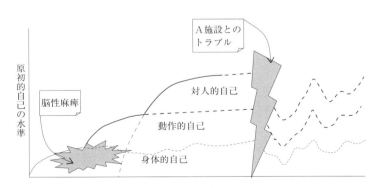

図2-6　危機がおよんだ江口氏の原初的「自己」の水準とその後の影響のイメージ図

第3節　身体的自己の統合に伴って自立的行動が得られた事例

1　はじめに

　脳卒中などの脳障害によって中途障害を負った高齢者（障害高齢者）は、様々な機能的障害や能力的障害を複合的に持ち、多元的な心身にわたる現象を示す。こうした障害高齢者に対しては、医学的な治療が最初に行われるが、それだけにとどまらない、心身の活性化を獲得し目指した心理臨床的対応も報告されている（蘭 1992、山内 1992、針塚 1993、藤岡 1993、長野 1993）。

　障害高齢者の中には、身体機能的には十分なものがあるにも関わらず、自分の身体や動作の感じにうまく意識が向けられず、身体感覚の感じ取り方や身体操作がうまくできない人達がいる。そのような人たちは自分の身体の状態に注意が向いていなかったり、明確に感じ取ることができなくなっていることが多い。そこで、自分の身体の状態や動きについての感覚である固有感覚が明確に感じ取れるようになることで、自己に関する新しい知識や気づきが得られると考え、援助を行った事例を紹介する。本事例を通じて、身体的自己が統合されることで、自立的な行動が形成される過程について検討する。

2　事例の概要

（1）大田氏（仮名）　67歳　女性

　診断名：脳内出血による左片麻痺、狭心症

　経過：1990年1月に脳内出血発症、意識消失が約1週間続く。意識回復後、同月、筆者（以下 "Th"）が非常勤で勤務する病院に入院となる。

　病前の性格：当病院の厨房で以前働いており、周囲のことによく気が付く働き者で仕事の評判も良好。

　家族：夫と夫の母親、息子夫婦と孫二人と同居。夫は毎日朝食から夕食ま

で大田氏に付添い、息子も頻回に面会にくる。面接経過中に夫が病死。

（2）心理療法導入まで（1990年1月～1994年1月）

　入院当初は自力で体を動かすことができず、生活全般にわたり介助が必要な状態。その後の機能訓練と夫の献身的関与により、四脚杖を用いて軽い介助で歩行可能となる。また排泄や便器への移動は介助が必要で、常時オムツを使用。

　この時点（1992年5月）でThが大田氏の担当となる。その後1994年1月まで大田氏に対しては理学療法的運動機能訓練を実施し、四脚杖歩行の自立や、排便時にベッド脇のポータブルトイレの自立使用まで運動機能は改善。この時に測定した12段階片麻痺機能検査（上田1981）では、上肢－2、下肢－3であった。

　大田氏は抑鬱的・依存的であり、無力感・厭世感が強く、悲観的な言動をとりがちであった。そのため介護職員との折り合いが悪く、問題患者扱いされがちであった。そのことが大田氏をさらに抑鬱的にさせており、悪循環の中で大田氏も職員も苦悩していた。

　これらのことより、大田氏に対しては運動機能訓練以上に心理療法による対応が必要と判断した。しかも大田氏の問題は、身体的能力の低下を基礎的背景としており、自分の能力についての自己認知や自己価値が低下していることが影響していると考えられた。こうした身体的問題と深く関わっていることから、言語面接による援助よりも、身体・動作を通じた援助が適切と判断し、動作法による動作課題面接と言語面接を行うこととした。そこでは、僅かな動きでも自分の行っている動作としての実感を得ることで、自分の身体や運動の実感を得ることと、身体能力についての信頼感を回復できると考えた。

（3）面接方法

1994年1月より、週一回20分程度の動作法による動作課題面接を実施し、その後5分から10分程度の言語面接を実施した。動作課題は、大田氏が歩行を最も困難と感じていることから立位によるものを中心とし、身体をまっすぐに起こして立っている身体の感じ、特に足に体重がかかる感じや、身体を動かして足にかかる体重の様子が変わる感じや、その時の身体全体の感じを感じ取れるように、言語的・身体的に援助を行った。言語面接は、最近の身体・生活の状況、動作課題を実施して感じることや感想を聴取した。

3　面接経過（文中の「　」は大田氏の発言、〈　〉はThの発言を示す。）

（1）第Ⅰ期『固有感覚が不明確な時期』

＃1（1/12）〜＃16（4/20）

動作課題は上体をまっすぐに起こして、立っておく身体全体の感じをつかむこととした。Thは大田氏の前に小さな丸椅子を置いて座り、動作課題の言語的指示と身体的な補助と動作の誘導を行った。課題への対応に応じて、〈そうそう、今の感じ〉とか〈もう少し〉といった言語的フィードバックを適時行うとともに、体重が足に乗っている感じを強調するために、肩や腰から体重の乗っている足に向かって軽い負荷をかけることも併せて行った。

大田氏は杖を用いての歩行が可能ではあったが、その姿勢は障害のある左脚を突っ張っり、さらに杖を持った右手も突っ張るようにして上半身を支えており、身体全体は大きく右に傾いた状態にあった（図2-7参照）。

図2-7　大田氏の立位姿勢

そのため、左脚を突っ張らないようにしてまっすぐに立つだけで、強い恐怖感が生じた。しかもその恐怖感は、上半身が傾いている右側へ倒れそうというものではなく、その反対の左側に倒れそうというものであった。そのため、Th が大田氏の右腰を支えることでかろうじて立位が保てる状態であっても、「左へ倒れる」と恐怖感を訴えていた。そのためにまず倒れることのない状況を作ることで、恐怖感を減少させ安心感を与えられる動作課題面接を心がけた。また、Th は大田氏の左膝や腰、左肩周辺をしっかりと補助することで十分な安心感を与え、言語的にも〈大丈夫〉〈これなら絶対倒れません〉などの安心感を与えるような態度に徹した。

動作課題については、「もういい、こわい！」「バタンと倒れそう！」といった強い恐怖感が続き、身体へ意識を向けることができない状態にあった。Th は、僅かでも左脚を使えれば〈そう、今の感じ〉〈うまいですよ〉といったように上手にできたことをやや大げさなくらいに表現して伝えた。しかしそうしたときでも、「私にはできません」と答えることが多く、〈今できたやない〉と応じても、「そうですか」と実感のこもらない様子で答えることが多くあった。そしてそれが、「私は先生の言うことがいっちょんわからん馬鹿たれです」と自らを卑下する態度につながることもあった。そこでも Th が、〈そんなことは無いですよ、今、ちゃんとできたじゃないですか〉と実際にできていたことを告げても、「先生は私のことをかいかぶっとるごたある。私は何もできません」、と無力感に満ちたことを言うことが多くみられた。

言語面接時にも、「死にたい」といったような悲観的な言葉が多く聞かれるが、これには病院職員の関与のあり方も関係していた。一部の職員ではあったが、〈（別の患者のことを指して）あの人は上手に歩けてるから、あんたも頑張ればできるはず！ あなたが頑張らないからいつまでもできないのよ！〉となじられるように言われたり、〈色々言わずに黙っときなさい〉と叱責されたりしていた様子で、Th にも「言われたら死にたくなる」と訴え

てくることがしばしばあった。それに対してThは、どの様な状態でどのようなことが言われ、大田氏がどんな気持ちであったかを受容的に聞くことに徹した。この頃は、病院内のリハビリ職員と病棟職員との関係があまり良好な状態ではなかったため、こうした処遇の問題について職員間で話し合うことが困難であった。

　また、2月中旬から夫が病気のため他の病院に入院。面会に行った知人から様子を聞いたり、あるいは大田氏が自分で面会に行ったりするが、そのたびごとに落ち込み、元気をなくしていた。そんなときには日常動作の状態も悪くなり、それまで何とか歩けていたのが歩けなくなったりした。Thは大田氏の語る夫の様子を聞き、夫が大田氏を誉めてくれて嬉しかったといった話しを聞いたり、なるべく大田氏にとって明るい話題を引き出すよう努めた。

　その後、4月14日に夫が死亡。4月はThの不在も重なり、その前後20日間近く面接が行えず、夫の死後初めての面接は4月20日となった。Thは日頃の状態から大田氏がかなり落ち込んでおり、動作課題面接には取り組めないだろうと予想し、とにかく受容的に話を受け止める態度でその日の面接に望んだ。しかし介助者には、「今日は治療日だから」「自分で装具を履いていきます」と言って、Thとの面接に積極的に望む様子を見せ、車椅子使用ではなく歩いて面接に訪れる。そして「父ちゃんが亡くなってしまいました」「早く逝きすぎてしまった」、と涙をためて話し始める。Thは〈ええ、聞いてます。残念でした…〉と応えるのみで、大田氏が語る夫の様子やその時の大田氏の様子や気持ちを聞いていた。「夢を見ているようだった」「死に目にも会えず、情けない」「一緒に棺桶に入りたかった」と悲しみと無念さを語る一方で、「今までは死ぬのが恐かったけど、お父ちゃんが待っていてくれるかと思うと、恐くなくなった」とも語り、面接中、涙はためるものの涙があふれて泣き出すことはなかった。

　その後しばらく、動作課題面接における立位課題を中止した。これは、立位課題が大田氏にとってかなり強い課題であり、恐怖感情や失敗感などを喚

起こさせてしまうと大田氏の抑鬱をさらに強化しそうな不安感を Th が持ったためである。

（2）第Ⅱ期『身体的自己の再統合期』
＃17（4/27）〜＃33（7/29）

動作課題は、仰臥位で障害のある左腕をまっすぐに伸ばしたままで、Thの補助に併せて体側から頭の横まで腕を上げていく"腕上げ"課題を行い、腕が動く感じや腕に力が入る感じを感じ取ることを課題とした。Thは大田氏の左横に座り、片手を肩にあてもう一方の手で左前腕部を保持して、Thの言語的合図と腕を肩に軽く押し付ける身体的合図と共に、ゆっくりとTh主導で腕を上げるようにした。その時に大田氏は腕を見つめることができず、すぐに右横を向いて話を始めることが常であった。腕に目をやろうとしても、まるでそこにある腕に気が付かないような感じで、すーっと横を向いてしまう。念のため、腕上げ課題導入前に左視空間失認がないかどうか、線分末梢テストや線分二等分テストなどの簡単な高次脳機能検査を行ったが、異常は認められなかった。そこで腕に入る力の感じだけでなく、腕そのものに注意が向き、目を向けることができるようになることも狙いの一つとした。そのため、課題動作中に〈手をよく見て〉と頻繁に声をかけるようになる。

腕上げ動作面接では、しばらくの期間は腕に注目することができず、すぐに横を向いて夫のことや病棟職員のことを話していた。そのような場合は、一時的に動作課題を止めて言語面接に切り替えるが、動作課題に戻るとまた同じような話が始まるため、〈今はこれをしますよ〉と動作課題を進めるようにした。24回目の面接より、ある程度ではあるが左腕への注目が続くようになり、同時に僅かに力が入るようになる。力が入り始めると、それまでTh主導で動かしていた腕が極力大田氏の努力に応じて動くように、Thは大田氏の力の入り具合を読み取りながら、大田氏の力を利用した動きになるように腕の動かしかたを細かに調整するようにした。そして腕に力が入る感

じがわかるかどうか尋ねるが、力の入る実感がわからないようであった。29回目の面接には腕を持続して見続けるようになり、この時には「降ろすときの方が力が入る」と自ら話し始め、動きの感じがわかってきた様子をみせる。それと同時に、動作課題場面で右横を向いて話をすることがなくなる。Thは〈とてもいい感じになってきました〉〈その調子〉といったように、うまくいっていることをはっきりと告げ、ポジティブな評価を与え続けるように心がけた。

　言語面接では、外の天気がいいのを見ながら大田氏の方から「私の心の中もこんな天気ならいいのに」と話し始め、〈大田さんの心の中はどんな天気ですか？〉「大嵐です」「最近は少しおさまってきた」と語る（#29）。家族のことに話しが及んだこともあったが（#33）、「お父さんは本当によくしてくれた」「息子は二人ともいい子で私にとってもよくしてくれる。けど結婚してると（嫁の方に）気を使わなきゃいけないから、板挟みになって大変」、〈嫁さんはよくしてくれないの？〉「嫁もようしてくれる」「けど嫁にはどうしても気を遣ってしまう」と、複雑な家庭状況の中で大田氏が他者へ気を遣い、その気遣いでさらに大田氏自身が苦しんでいる様子が伺えた。

　この頃より、日常生活の中で自立的な行動が多くみられるようになる。自室ベッド脇に置いたポータブルトイレを排便時に自分で使おうとし始めたり、装具を自分ではめようとし始めたりする。またベッドに寝ていることが多かったのが、TVの置いてある病棟ロビーまで一日に何度も一人で歩いていくようになり、看護婦のほうからも"特に手がかかるということはない"と報告がある。

（3）第Ⅲ期『身体的自己の安定』
#34（8/17）〜#43（10/22）

　動作課題は第Ⅰ期と同じ立位課題とした。これは、日常動作が自立的になってきており、動作の状態も安定しており、再び立位課題を行っても抑鬱状

態がさらに強まることはないだろうという印象を持ったためである。

　動作課題場面では（#35）、上半身をまっすぐに起こして立つときに初めは倒れそうな恐怖感を訴える。そこで安心感を与えるように、〈大丈夫〉といった言語的支持を行いながら、Th は大田氏の腰と肩に手を当て、大田氏の力にちょうど均衡する程度の補助を与えることで、その姿勢に身体が馴染むようになるまでしばらくじっと待っておく。すると身体のほうも次第に落ち着いてきて、「もう怖くありません」と言って上半身をまっすぐに起こして立つことができた。そこで大田氏は、Th の肩につかまっていた右手を離してみようとするが、それはできなかった。しかし以前であればそこで、「私は駄目です」といった悲観的なことを言う場面であるが、ここではそうした発言がなかった。そして帰り際に「足が軽く出ます」と言って、嬉しそうに帰って行った。これで Th も手ごたえを十分に得ることができた。その後（#38）も、両方の脚に同じように体重をかけられるまで上半身を起こしながらも、「恐くない。大丈夫」と答える。

　言語面接では（#34）、お盆で自宅に帰った際に家族が温かく迎え入れた様子で「私ゃ幸せです」と嬉しそうに話す。また A 氏の変化がみられたのは #40 の面接で、「○○さんは上手に起きれる。私はあれができない。人それぞれですかね」と、他者と自分との違いを肯定することを語り始める。それまでであれば、他者と自分を比較してできない自分を嘆いたり卑下したりする場面であるが、そうした態度に変化がみられるようになる。この頃の Th には、面接がうまく進展している実感があった。

　ところが、10月16日に自室で転倒し腰部を強く打撲。骨折はなかったが、痛みがひどくしばらく起き上がれない状態が続く。「とんでもないことをしました」とひどく悔やみ、「ロビーに出れとったときは幸せでした。動けんかったら何にもならん」と嘆き続ける。

（4）第Ⅳ期『回復の期間』

＃44（11/2）〜＃55（12/21）

　動作課題は第Ⅲ期と同じ立位課題とするつもりであったが、それ以前にまず自分でベッドから身体を起こして座ることができないため、座ることから始めた（＃44）。Th が大田氏の身体を起こそうとすると「（腰が）ぴくっとした」と痛みを訴え、大田氏は右手でベッドの柵にしがみつき、上半身が右に大きく傾いたままで「（左に）倒れそう」な恐怖感を強く訴えて、起きることも横になることもできずに動けなくなる。そこでその姿勢が大田氏になじんで、痛みと恐怖感がおさまるまで15分ほどそのまま大田氏の上半身を支え続ける。この時も Th は慌てて大田氏を起こすのではなく、倒れそうな自分の身体を大田氏自身で保てるような力が出てくるように、上半身にあてた補助の力を強くいれたり少し弱めたりと細かな操作を行っていた。そのうちに、痛みが僅かに軽減し始め、座れるようになる。座った後も、「死にそうに恐い」と大げさなくらいの恐怖感を訴える。それでも＃46では Th の顔を見るなり、「お願いします」と積極的な態度を示す。そして＃51には Th に会うなり、「今日は杖で歩かせてください」と張り切った声で申し出がある。この回より立位課題を再び導入する。この時は両脚に同じくらい体重を乗せて立つことができ、強い抵抗や突っ張りもなく、「（左足に）力が乗ってます」と体重の乗った感じが感じ取れている様子でもあった。＃52では、左足に体重の多くを乗せて立つように課題を進める。「恐い。倒れる。危ない！」と繰り返すが、Th は大田氏の右腰にあてた手でゆっくりと大田氏の体重を左にもっていく。この時には、左肩と左膝の身体的補助を十分に行い、〈大丈夫〉といったような言語的支持も行った。そして体重が左足に乗ってしまうと「恐くないです。楽です」「何ででしょう」と不思議そうに言う。またその後も、「気持ちが集中すれば、歩くときにもよく足が出るけど、そうでなかったらなかなか出ない」と言い、身体の感じがかなり具体的に細かく感じ取れるようになってきたことをうかがわせる。

言語面接では、しばらくの間は身体を動かすと「腰が痛くなりそうで恐い」と訴え続け、「動けません」と言ってベッドから動こうとしなかった。Thはこうした恐怖感に対しては、言語的な対応よりも実際に身体を動かして痛みが出ないことを示す方が効果的と考え、言語面接よりも動作課題面接を中心に行った。そのためこの時期の言語的援助は、動作課題遂行にあたって安心感を与えるような言葉掛け程度に終始している。そしてそのうちに、「動けるようになるかどうかを考えると夜も眠れなかったが、これで眠れます（#47）」「本当に嬉しい（#52）」「前は立つの（立位課題のこと）が恐くてしょうがなかったが、今はあれが一番効くみたいだ。もう恐くなくなったし（#55）」と面接に対しての大田氏の評価が肯定的・積極的になっていく。また年末が近づいてきたことから、「正月のことは心配せんでもよかった。（家族が）戻ってくればいいと言ってくれた。31日に迎えに来るんですよ」と涙ながらに嬉しそうに話し、家族が変わらず援助的に関わっていることにThは安堵感を覚える。

年明け後、Thの退職によって事例終結となる。この時の12段階片麻痺機能検査では、上肢ー2、下肢ー4であった。

（5）面接経過を通した変化

面接経過を通した大田氏の変容過程の一部を図2-8に示した。これは、「力が入っている」「軽く動く」といった身体・動作の状態に関する内容について表現（身体性表現と表記）された面接回数を、各月毎の面接回数との比で示したものである。第Ⅰ期（1月～4月）に相当する時期では殆どみられないが、第Ⅱ期（5月～7月）に相当する時期で急増し、第Ⅲ期（8月～10月）に相当する時期でやや減少するものの、第Ⅳ期（11月～12月）ではさらに増加しているのがわかる。

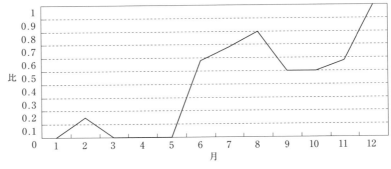

図2-8 身体性表現の頻度

4 考　察

（1）大田氏の何が変わったか？

　自分の身体の動きの感じに注意を向ける、ということを面接におけるねらいの一つとしていたが、第Ⅱ期に相当する時期にそうした身体・動作の状態に関する表現が増えており、5月以降に急速に身体の動きの感じ、すなわち固有感覚の知覚が言語化できるまでに明確になってきている。第Ⅰ期においては脚に乗っている体重の感じに注意が向かず、恐怖感に強く支配されていた。しかもその恐怖感は、客観的な全身状態を反映したものではなかった。それが第Ⅱ期に入ると、当初は注目することのできなかった左腕にも次第に注目が続くようになり、力が入っていたり入りやすい状態などを感じ取れるようになる。そして第Ⅲ期では「もう恐くない」という恐怖感の減少と共に、足の軽さや動きやすさが感じ取れるようになる。

　大田氏はこのように自分の身体の様子を感じ取れるようになることで、自分の能力をも感じ取れるようになっていったと考えられる。それが、「今日は歩かせてください」とか「階段を歩いてみたい」といった積極的な態度に現れている。大田氏が自らそうしたことを望むときには、実際にそれらのことができる場合が多く、そのときどきの自分に発揮できる能力について、比

第2章 身体的自己（Embodied Self）の発達と統合　63

較的正確に感じ取っていたことがわかる。そしてその気づきが「できる能力」に焦点化されているときには積極的態度につながるが、「できない能力」に焦点化されてしまうと「できない」ことにとらわれ、無力感や悲観的態度につながると考えられる。Thとの面接過程では、動作ができるかどうかではなく、身体あるいは身体の動きの感じに注意を向けられるかといった、動作の遂行過程を重視した。そのことが、結果的に次第に「できる能力」への気付きに焦点化されることに貢献したと考えられる。

　第Ⅰ期では日常生活場面で依存的な態度が多くうかがえた。しかしそれが第Ⅱ期以降、一人で行動しようとする場面が増加してくる。それまでなら、自室ベッドで横になっていることが多かったのが、ロビーまで一日に何度も出て行ってテレビを見ていたり、装具や靴の付け外しを一人で行おうとし始めたり、ポータブルトイレも一人で使おうとし始めるなど、行動が自立的になっていく。これらはもちろん運動機能との関連も考慮しなければならないが、片麻痺機能検査的には下肢の評価が1グレード上がった程度で、機能回復の客観的な指標の変化としては僅かなものである。このように機能的変化が乏しい中で、動作のあり方を自分で工夫し、自立的に行動していこうとする態度は、機能変化によるADLの改善と言うよりも、大田氏自身の身体・動作への能動的な関与のあり方の変化と考える方が自然である。そしてその背景には自己身体への新たな気づき、すなわち身体的自己の統合がなされたと考えることもできる。

（2）身体的自己の統合と自立的行動

　大田氏の変化の大きな契機は、自分の身体や身体の動きの感じに注意をむけることができるようになったことと考えられる。これは自分の身体や身体の動きの感じ、すなわち固有感覚を知覚の対象として選択できるようになったと言うことができる。大田氏は脳内出血の後遺症としての皮膚感覚の軽度の鈍磨がみられたが、視空間失認や身体失認は認められず、自己身体の状態

を固有感覚あるいは視覚的に知覚する基本的な能力は障害を受けてはいないと考えられた。固有感覚を明確に感じ取ることや、自己身体の状態を知覚できることは、自己身体の環境中での位置や状態についての気づきや理解につながる。これはこれまで述べてきた身体的自己を新たにする体験でもあり、こうした体験を繰り返すことが身体的自己の統合につながると思われる。

　さらにこの、固有感覚を知覚の対象として選択するためには、二つの条件が必要と考えられる。一つは、固有感覚が動きについての情報であるために、それを知覚するためには能動的な運動を伴う必要がある。そしてもう一つは、注意の対象を固有感覚に選択に向けるという主体的な内的活動が必要である。前者については、麻痺のある身体なので完全に一人で独立した動きをすることが困難なので、Th が大田氏の動きに沿うように、いわば共動作的に腕や身体を動かしていくという課題を設定し、それが達成できるように援助を行った（図2-9）。また後者については、Th の細かなフィードバックにより具体的な「今」「ここ」での自分自身の身体の状態についての情報が与えられたことが貢献していると考えられる。

　また、このような援助とプロセスで大田氏が身体的自己を統合できるよう

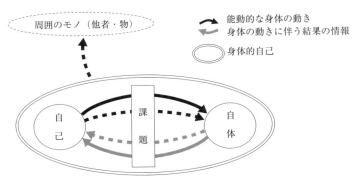

図2-9　身体的自己とその統合のための課題設定

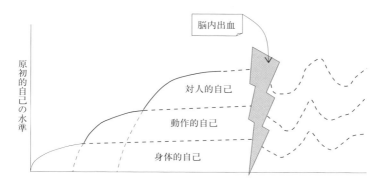

図2-10 危機がおよんだ大田氏の原初的「自己」の水準とその後の影響のイメージ図

になることが、外界のモノへの働きかけについて効力感を与えることの基盤となっていったと考えることができる（図2-10）。これは、2ヶ月を越えた乳児が自分の行う行為が環境に影響を与えることを知ることができるようになり、動作的自己が形作られることに似ている。すなわち、大田氏も自分の身体について統合された自己を基盤に、自分が周囲の環境や物に影響を与え、操作することが可能であるという気づきを生み出していったと考えることができる。ここに、大田氏の動作的自己の統合の始まりを見ることができる。恐らく自立的行動は、周囲の環境にあるものについて自分が操作可能であると気づくことが大きく影響するものと思われ、その基盤には環境に向きあうための身体的自己がある。この動作的自己については、次章でさらに検討を行うものとする。

第4節　身体的自己の発達と統合に向けた援助

1　「今」「ここ」に存在する身体的自己

U. ナイサー（1988）は、「物理的環境への関係を伴う（直接）知覚としての

自己」を生態学的自己と定義した。この生態学的自己の考え方は、周囲の状況についての情報をもたらす外部知覚と、自分自身の状態についての情報をもたらす自己知覚は互いに不可分であり、自己知覚からもたらされる体験が、潜在的で原初的な自己意識の形態とみなすことができるというJ. J. ギブソン（1979）の主張と同様である。この自己知覚をもたらすものとして重要な役割を果たすのは自己受容感覚である。この自己受容感覚を基盤にして、自分自身の状態と周囲の状況についての情報が同時に提供されることで、「自分自身」と「外界のモノ（他者や物）」の区別が可能になると考えられる。すなわち、自分の手で触った自分の顔はいずれも自分の身体の一部であるが、自分の手で触ったコーヒーカップは前者が自分の身体の一部で、後者は外界の物である。P. ロッシャ（2001）によれば、このようにして環境の中に存在する自分自身について、固有感覚的に特定されたものが生態学的自己と呼ばれる。そしてこれ自体では自己認識とはなり得ないものの、ある種の自己知識、特に自分の身体に気づいていることを意味していることを指摘している。

　本章第1節で紹介した筋緊張と垂直判断の関係性は、まさしく、固有感覚のゆがみと視覚的判断のずれの関係を示しており、環境の中におかれた自分自身について固有感覚的に特定される情報にゆがみが生じた結果、視覚的判断にゆがみが生じた例と言える。すなわち、生態学的自己のゆがみは外部知覚に影響を与える可能性があると考えられる。

　またP. ロッシャ（2001、2007）は、乳児が自分の手を口に持っていくなどの自己探索によって、自分の身体を特定する情報を選び出し、環境中にある他の物とは異なるものとして知覚的に特定される自分自身を身体的自己と呼んだ。つまり、固有感覚的に特定される自分の手と、口周辺の触覚等の外受容感覚で知覚される手と、その両方についての情報が同時にもたらされることで、他の何ものとも異なる「自分の手」が理解される。そのように理解された手は、身体的自己の一部である。そして、自分の手を自らが動かすことで生じる固有感覚的な変化と、それに伴う触覚や圧覚などの外受容感覚的な

変化が同時に生じることで、身体的自己の一部である「自分の手」はより明確なものとなっていく。

このように固有感覚や外受容感覚を基盤に知覚される身体的自己は、自分の身体に関連する複数の知覚情報がもたらされるという共知覚と、それらの情報が同時にもたらされるいう即時性に基づいている。そのことから身体的自己は、いつかどこかの自分ではなく「今」「ここ」という現実世界に存在する自分についての理解をもたらすものであると考えられる。

U. ナイサー（1988）は生態学的自己を自己についての5段階の最初に位置づけ、次の段階は対人的自己（interpersonal self）としている。P. ロッシャ（2001、2007）はその間に、身体的自己（embodied self）と動作的自己（intentional self）を想定している。しかしP. ロッシャは2001年の著書 *The Infant's World* では生態学的自己と身体的自己の二つについては、必ずしも明確に区分はしていない。両者は胎生期から形成が始まると言うだけでなく、環境中におかれた存在としての自分という意味では共通するところが多い。そこで本論では「生態学的自己」と「身体的自己」は自分の身体の状態についての知覚を基盤にして環境や環境中のモノ（他者や物）と区別された存在として知覚的に理解される自分という意味で、両者を含めて「身体的自己」と表現するものとする。

そしてそのような、固有感覚的に体験される自分自身の身体についての体験は、永続的であり、一人一人にとてもしっかりと根づいているものである。本論では高齢者や成人のケースを紹介したが、こうした原初的な自己はヒトの一生涯を通じてその特徴をみることができる。確かにそれは乳児期にその特徴が現れ始めるが、運動発達における原始反射が生後数ヶ月のうちに統合されて表面上は消失したように見えることと似ている。原始反射は、さらに上位の運動の中に統合されていき、普段は表面化してこないが、脳障害などで運動機能の障害が生じた時には表面化する。そして機能訓練等によって、新たな様式での運動パターンが獲得される中に再び統合されていく。身体的

自己などの原初的な自己は、この原始反射と同様に、さらに上位の自己が形成されていく中に統合され、何らかの事情で自己のあり方に危機が生じた場合には表面化し、それがまた新たな自己が形成される中に再統合されていくと考えることができる。このように考えると、原初的な自己を含めたあらゆるレベルの「自己」に、一生涯を通じた形成-危機-再統合を見ることができる。

2　身体的自己の統合に向けた援助

　本章第2節では、固有感覚に注意を向けることができるようになり、さらに自己身体を操作の対象として選択することができるようになった肢体不自由者が、現実感覚を取り戻してくる過程を紹介した。第3節では、固有感覚が明確となり、自己身体を操作の対象として選択することができるようになった脳卒中後遺症者が、日常生活において自立的になっていく過程を紹介した。いずれの事例もその援助過程においては、Clが自分自身の身体の状態や身体の動きの感じに注意を向けることができるように心がけられた。そのために、幾つかの身体の動かし方のパターンの中で、Clによる能動的な運動に対してThがその動きに沿うように一緒に動かしていく中で、身体の状態や動きの様子について即時的に細かく伝え返すことが行われた。これにより、身体を動かすことからもたらされる固有感覚的に知覚される自分の身体と、身体を動かすことでもたらされる外受容感覚的な変化が同時にもたらされる。すなわち、身体的自己の発達において重要な、固有感覚と外受容感覚についての即時的な共知覚がもたらされる。これが身体的自己の統合につながっていったと推測される。そして身体的自己が「今」「ここ」という現実世界に存在する自分についての理解をもたらすものであることを考えると、第2節の事例が現実感覚を取り戻す過程には、身体的自己の統合があったと推測される。

　今回、筆者が援助法として行ったのは「動作法」と呼ばれる心理療法であ

ったが、身体的自己の統合を図るためには、他の援助法でも可能であると思われる。特に身体志向の心理療法では、身体と自己の問題を取り扱おうとしていることが多いのは偶然ではないと思われる。アレクサンダーテクニックやニューカウンセリング、ダンスセラピーなどは自己や自我との関係で語られることが多い。またフォーカシングや催眠法、イメージ療法においても身体感覚を重視する点では共通する部分も多い。さらには、症状の背景に身体的自己の変調が関係すると思われる精神障害や精神疾患も多い。持続性妄想障害（ICD-10）の中でも身体醜形障害、自己臭恐怖は身体の機能や感覚に関する妄想であり、統合失調症でも脳が溶けて流れ出すといった妄想が訴えられることもある。また身体表現性の心気症では、些細な身体症状や身体機能の変化を重篤な病気の徴候であると思い込むこともある。さらには、解離性同一障害や離人症、性同一性障害なども、身体と自己の統合がうまくできていない可能性が考えられる。

　心理療法や精神障害とは直接関係しないが、身体を自己の全存在ととらえて身体にアプローチするようなボディーワーク、あるいはそれに類するようなものは多種多様なものがあり（グラバア2000、竹内2001、野口2002）、さらには舞踊（尼ケ崎1996）や芸能（河野1999）、うたやダンス（やまだ1996）など文化・芸術の方面にまで、身体と自己の問題は広く展開される。それほど、身体と自己の問題は幅広く、また奥深い。それは、身体が自己の形成の原初的な基盤であることに由来すると思われる。

　これほど幅広く奥深い問題に関わる援助においては、何か特定の方法論のみが有効であるとは考えにくい。むしろ様々な方法の中に共通している幾つかの要因の中に、身体的自己の統合に意味を与えるものがあると考えるほうが妥当である。身体は動くものであると同時に、その動きから自分の身体を感じることができ、さらには空間中の自分の身体の状態を知ることもできる。しかもそれらは全て同時に生じるということが身体のもつ大きな特徴である。身体的自己の発達や統合には、ある特定の技法が重要なのではなく、こうし

た身体の特徴を踏まえた上で、何にどのようなアプローチをするかが重要であると考える。そのための重要なポイントの一つが、今回の援助の中で重視していたように、Clによる能動的な身体運動にThが沿うように共動作的に一緒に動かしていくことである。そしてその中で、身体の状態や動きの様子について即時的に細かく伝え返す働きかけが重要であると考えている。

第3章 動作的自己 (Intentional Self) の発達と統合

第1節 動作的自己の発達に伴って周囲への能動的な行動が広がった事例

1 問 題

　人が重力に主体的に対応させて身体を起こしている姿勢をタテの姿勢（成瀬 1995）と呼ぶことがある。具体的には、坐位・膝立ち・立位・歩行といった姿勢の中で、自ら主体的に身体を起こしている内的な努力の過程を含んでいる。このタテ系姿勢は、単に抗重力姿勢がとれると言う運動学的現象だけでなく、人が生きる世界を二次元平面から三次元空間にすることで、周囲の環境について遠近・上下・左右の実感や活動経験を与えるものであり、空間や環境に対して受け身的な世界から能動的な世界に切り替えていく基軸となるものである。タテ系姿勢はこうした重要な意味をもつものであるが、脳性麻痺児でときどき見られる股関節脱臼は、下肢や体幹の筋緊張の亢進を伴っていたり、痛みの発生原因となり、タテ系姿勢をとることを困難にさせることが多い。

　股関節脱臼には脱臼と亜脱臼があり、寛骨臼と大腿骨骨頭が「関節面の相互の位置関係が失われているが、なお一部接触を保っているものを亜脱臼、完全に接触を失ったものを脱臼（玉井 2008）」と呼ぶ。また股関節脱臼には先天性のものと後天性のものがあるが、脳性麻痺児の場合は後天性のものである。生下時には正常な股関節に、長期にわたって異常な外力、すなわち股

関節周囲筋のアンバランスが働くために脱臼が生じる（大川 1991）ものである。股関節脱臼の頻度は重症児の25％くらいと言われており、その兆候は3歳頃から現れ7～9歳で完全脱臼になり（岩谷 1990）、この時期を過ぎると亜脱臼状態から脱臼に進行することはほとんどない（大川 1991）と言われている。さらに股関節痛は、筋緊張や関節症変化が主な原因で、不安定股関節の約半数にみられ、脱臼関節よりも亜脱臼関節に、両側例よりも片側例に、そして重症児よりも軽症児に多い（岩谷 1990）といわれており、股関節痛は重症児に限った問題ではない。

こうした問題や対応の難しさがあり、タテ系姿勢の意味や重要性は理解されていながらも、動作法を実施する際にはリラクセイションやコミュニケーションについての課題に終止している現状があると考えられる。

本稿では、3歳時より3年間にわたって筆者が動作法による援助を担当した重度肢体不自由児について報告する。本事例は、股関節亜脱臼が指摘されていたが、成長に伴い脱臼が進行し、股関節修復術を施行され、その後も動作法による援助を継続して行った事例である。本事例のように、股関節脱臼については整形外科的手術が行われることも多いが、軟部組織（筋肉や腱）への手術で改善できるのは、筋の"過緊張やその結果、骨に対して相対的に短縮してしまった筋の状態（大川 1988）"である。このように、手術で改善が期待できるものとそうでないものとを理解し、手術の前後も対象児に必要な動作法による援助を行っていくことが必要である。

また、自己についての発達段階の一つとして自らの意図に基づいて外界に働きかけるように身体を動かすようになる動作的自己（Intentional Self）があると言われる（P. ロッシャ 2001）。動作的自己は、環境中に存在する自分自身の独自性や独立性を固有感覚的に理解（知覚）された身体的自己を基盤に成立し、他者に向かって意図的なコミュニケーションを成立させる対人的自己の成立の基盤となるものである。この動作的自己とは、ある意図に基づいた身体の動きを生じさせるものとしての自己である。肢体不自由児者は、意図

どおりの身体の動きがうまくできない状態が著明な人達であり、意図に基づく動作的自己の発達が不十分な状態にあると言える。

本事例の課題動作は、坐位・膝立ち・立位のそれぞれの姿勢で行ったが、本稿では特に、基本となる坐位姿勢における動作と身体的変化、及び動作課題の手続きと内容について詳述する。そして、本事例の場合には坐位姿勢をとるために自分の身体を能動的に操作できるようになるに連れて、周囲の人への関り方も変化していった。この過程を紹介しながら、肢体不自由児に動作的自己が発達することと、周囲への関り方の変化の関係について考察する。

2　事例紹介

（1）対象児
A児（女児）、動作法による援助開始時は3歳10ヶ月。

（2）障害名
脳性麻痺（痙直型四肢麻痺）

（3）生育歴
前置胎盤早期剥離で、妊娠29週時に帝王切開にて出産。双胎第一子。仮死出産。生下時体重1,240グラム。生後12ヶ月時に受診した際、大脳の運動野に出血が認められ、以後継続的に近隣の福祉センターや病院で保育や運動機能訓練を実施。現在も筆者との動作法による援助以外に、病院で定期的に運動機能訓練を行っている。

（4）訓練開始時の状態
あぐら坐、長坐ともに自力での保持は不可能で、背中を支えるなどの補助が必要。膝立ちは運動機能訓練の際に数回行ったことがある程度で、全面的な補助が必要。立位は起立台や壁などを使用して立った事がある程度。

図3-1　援助開始時の坐位姿勢

胸椎部に左凸の側彎と後彎があり、漏斗胸もみられる。臥位においては全身的に伸展傾向が強く、はさみ肢位となる。このとき、体幹がやや右に側屈し、右股関節外転・左股関節内転傾向となり、軽いウィンドブロウ様の姿勢となるなど、筋緊張の左右差もみられる。坐位では、伸展傾向が抑えられ上半身はやや屈曲姿勢となるが、股関節の伸展・内転傾向と膝関節の伸展傾向がみられる。

　援助開始時のA児の坐位姿勢を、図3-1に示す。あぐら坐の坐位姿勢をとらせようとすると骨盤が後傾し、また右尻が浮いて主に左尻で坐る形となる。上半身は屈曲傾向となり、前に倒れる。坐位姿勢をA児自身に保持させようとすると、頭を上げようとはするものの、顎を上げて頸を反らせてしまい、頭を上げ続けておくことはできない。体幹部は屈曲傾向のままで、上体を起こそうとする動きはみられず、両腕で支えようとする。また、骨盤も後傾したままで、自分でタテに起こそうとする動きはみられず、坐位保持には肩や背中、腰など多くを補助する必要がある。

　言語による意思疎通は可能で、会話をしようとする意欲も旺盛。ただし、声量が乏しく発声が十分でないために、A児の口元に耳を近づけないと声が聞きとれないことが多い。

（5）援助期間

　3歳10ヶ月時より6歳11ヶ月時までの37ヶ月間、約一時間のマンツーマンによる動作法を2週間に1回の割合で計51回実施した。途中、6歳0ヶ月時より約4ヶ月間、両側股関節脱臼修復術の入院・加療のため休止となる。ま

第3章 動作的自己（Intentional Self）の発達と統合　75

た期間途中で、心理リハビリテイション療育キャンプ（一週間集団宿泊集中訓練）に3回参加している。

（6）援助方針

　坐位動作の安定を第一の目標とする。そのために、全身の伸展傾向を強めている筋緊張を、A児自身がある程度自己調整できるようになることを目的とする。さらに、これまで重力に対して自分のからだを垂直に起す能動的な動作の体験が少ないので、からだにタテの力を入れて床を踏み締める動きとその感覚を実際に体験させることも目的とする。

3　援助経過

　（注：文中で用いる「関節」の名称や、「屈曲」「伸展」「内旋」「外旋」「内転」「外転」「挙上」といった関節運動についての用語は日本整形外科学会・日本リハビリテーション医学会制定の関節可動域表示法（中村・齋藤 1983）に従い、それ以外の本人の主体性・能動性に基づく身体動作については動作法で用いられる表記に従った。）

（1）課題姿勢導入まで

　毎回、課題姿勢をとらせる前に、準備運動に相当するような弛めの課題を数分間行なう。これは弛め課題の実施だけでなく、その日の股関節の状態や下肢の筋緊張の様子を確かめる意味も併せ持っている。

　まず背臥位にし、股関節の屈曲と伸展、内旋と外旋、外転のそれぞれについて他動運動を行ない、筋緊張と股関節痛を確認した。また股関節を他動的に開排位（屈曲・外旋・外転位）にすることで筋緊張と股関節痛だけでなく股関節の安定性も確認した。これらの他動的な運動で股関節の不安定性や痛みがあれば、膝立ちや立位姿勢課題を減らすかあるいは実施しないようにした。

　弛め課題は、上述の股関節運動と同じ方向に対して行った。これは他動的にストレッチするのではなく、トレーナー（以下"Tr"と略す）がA児の脚を

動かしながら、「こっちに開くよー」と言ったり、軽くゆすりながら動かすなど、A児に動きがわかりやすくなるよう言語的・非言語的に指示することで、A児がそれに応じて自ら力を抜いて弛められるようにした。そのためには、動きが引っかかった所で動きを止めて待ってみたり、弛む気配や動きがみられたときに、「そうそう」などといった声をはっきりとかけるようにした。また股関節だけでなく、膝関節の屈伸と足関節の底背屈動作についても同様の弛め課題を行った。

（2）坐位姿勢での動作援助過程

援助過程については記録からの抜粋であり、課題動作や補助の内容、A児の対応の様子等については表3-1にまとめた。

1）第Ⅰ期（1回：3歳10ヶ月～3回：3歳10ヶ月）：他動的な補助が中心の時期

楽坐（あぐら座のように座って両足の裏を着けた座り方）で坐るが、左凸の側彎があること、上半身が屈になっていること、骨盤が後傾していることから、Trがその側彎部と骨盤部を他動的に操作しながらタテの姿勢となるように形作りを行う。A児には骨盤を自分でタテに起こそうとする動きが見られず、Trの他動的な補助に頼っているため、Trは足で仙骨部を支えて骨盤をタテに起こし、A児の両肩を保持して上半身を起こし、同時に座骨に向かって軽く負荷を加える。このときに、A児には自分で上体を起こそうとする動きがわずかに見られるものの、ほとんどをTrの他動的な補助に頼っている。また両手を床に着けばかろうじて座ることができ、頚を起こそうとする動きは見られるものの、自分で頭を上げることはできない（第1回）。また楽坐姿勢において、両肩から下に向かって軽く負荷をかけると、上半身を自分で伸びあげるような力を入れてくるが、同時に両上肢も上に持ち上げるようにしていて、両肩甲帯を挙上させる力を使って上体を起こしている様子がみられた（第3回）。

第3章 動作的自己（Intentional Self）の発達と統合　77

表3-1　動作課題とA児の様子

	第Ⅰ期（1〜3回）	第Ⅱ期（4〜25回）	第Ⅲ期（26〜44回）	第Ⅳ期（45〜51回）
主な課題動作	◎上体をタテに起す ○骨盤をタテに起す ◎背中から腰にかけてタテの力を入れる	◎骨盤をタテに起す ◎上体をタテに起す ○腰にタテの力を入れる	◎骨盤をタテに起す ○上体をタテに起す ○腰にタテの力を入れる ○臀部で踏締める	◎骨盤をタテに起す ○臀部で踏締める ○腰にタテの力を入れる
Trの主な補助	◎両肩から上体を他動的に起す ○両肩から軽い負荷をかける ○仙骨部を他動的に起す	◎骨盤を他動的に起す ○仙骨部をやや他動的に起す ○両肩で上体を立てて止めている	◎骨盤両側をやや他動的に起す ○骨盤を立てて止めている ○背中から他動的に起す	◎骨盤両側を持って立てた状態で止めている
A児の対応	◎トレーナーの補助に頼っている ○上体を起そうとしている	○骨盤を起そうとはするが動かせない ○上体を起そうとしている	○少しだけ骨盤が動く ○上体を起す動きが少しある ○少しの補助で上体を起せる	○一人で坐れる ○骨盤を少しだけ起せる ○少しの補助で上体を起せる
A児の付随した動き	◎顎が上がって頸が反る ○両肩を挙上させる ○両手をついて起上がる	○両下肢を手前に引きつける ○両肩を挙上させる ○腰を反らせる	◎腰を反らせる ◎上体を後ろに倒す ○お尻を痛がる	○右手で起きようとする
股関節の状態と配慮	・特に指摘はなく特別な配慮は行っていない	・亜脱臼傾向が指摘される ・頑張らせすぎない	・臀部や大腿部の痛みやクリック音などの症状出現 ・弛め課題の十分な実施 ・股関節求心位姿勢 ・余分な緊張の抑制	・股関節求心位姿勢 ・頑張らせすぎない

注：◎はそれを積極的に行った、あるいはその状態が頻繁にみられたことを示す。
　　○はそれを行った、あるいはその状態がみられたことを示す。

　この頃は坐位の屈曲傾向が強く、筋緊張の左右差も強く見られた。そのため、他動的な補助がほとんどであった。また、股関節脱臼はまだ指摘されておらず、股関節の不安定性も認められなかった。
　2）第Ⅱ期（4回：3歳11ヶ月〜25回：4歳9ヶ月）：タテ姿勢課題導入と随伴緊張出現の時期

TrはA児の両肩の補助と仙骨部に当てていた足の補助を離し、骨盤両側を両手でしっかりと保持して上体がタテに起きるように補助する。このときに、上体は屈曲傾向であるがそれをTrが支えることはせず、A児が自分で起こすように促すが、A児はしばしば両手あるいは右手を床について上体を起こそうとする。床についた手を離すように指示すると、手を離して上体を起こそうとする様子はあるが、すぐに前に倒れてしまう（第4回：3歳10ヶ月）。

　また、A児は自分で骨盤をタテに起こそうとすると、両足を手前に引きつけて腰を反らせる様子が見られる（第24回：4歳8ヶ月）。そして上体をタテに起こそうとすると、A児はちょうど頚をすくめるように両肩甲帯を挙上させる様子もみられた。Trが骨盤をタテに保持し体重がちょうど腰に乗るように調整すると、A児は自分で骨盤と上体をタテに起こす動きがわずかにみられるようになる（第24回）。

　この頃は他動的な補助を次第に減少させ、補助の部位も上半身から骨盤周囲へとからだのより下の部分へと移していった。A児自身の動作もより能動的なものになり、タテの力も少しずつ入れられるようになっていくが、その一方で、両下肢を引きつけたり、腰を反らせたり、肩甲帯を挙上させるなど、課題動作と異なる余分な力（随伴緊張）を入れるようになる（第24・25回：4歳8・9ヶ月）。そうした不適切な力が入るときには、すぐに「違うよ」と一旦止めさせ、もう一度やり直すことを繰り返した。

　20回を越えた頃（4歳6ヶ月頃）に整形外科医より、レントゲン上で左大腿骨頭の臼蓋へのはまり具合が浅く、亜脱臼傾向であることが指摘される。ただし、日常生活場面では特に気をつけるほどのことはないし、立たせても構わないとのことであった。ちょうど動作に伴う緊張が増えつつあったため、余計な筋緊張を出させないように心がけ、課題動作を繰り返すようにした。また併せて、膝立ちや立位の積極的なタテ姿勢の課題を取り入れることで、全身の筋緊張の配分やバランスを調整しようとした。

3）第Ⅲ期（26回：4歳10ヶ月～44回：6歳0ヶ月）：筋緊張亢進と股関節の不安定性増大の時期

　骨盤両側を保持して骨盤を起こすのだが、その際、他動的な補助の力を次第に減らすようにする。しかしA児が上体を起こすように力を入れようとすると、腰を反らせたり、上体を後ろ倒すような強い力が入るようになる（第28回：5歳0ヶ月）。このときにTrは、骨盤が後ろに倒れないように足か右手で支持し、同時に左肩甲骨下縁から右下方に向かって力を加えるようにして上体を止めることで、上体の反りを抑えながら座骨に向かってタテの力が入るように調整する（第28回）。すると強い反りの力が少しゆるみ、TrがA児の骨盤の右側を保持しておくだけで、坐ることができるようになる。このときには、両肩甲帯を挙上するように入っていた力がゆるみ、床から手を離しておくことができることもある（第29回：5歳1ヶ月）。

　この頃より、脚を動かす際に左股関節でクリック音がするようになる（第31回：5歳3ヶ月）が、痛みの訴えはない。図3-2に破線で示したものは、5歳4ヶ月時にかかりつけの病院において撮影されたレントゲン写真のスケッチだが、大腿骨頭頸体角が浅く著明な外反股になっており、関節面がわずかにしか接触していないことがわかる。

　A児の骨盤をTrの足で支え起こしながら、肩甲骨骨下縁の高さで側彎に沿わせるように手を置き、背中を左から右、上から下に向かって負荷をかけることで動きを調整すると、上体を自分で起こそうとするタテの力が入ってくる（第37回：5歳5ヶ月）。しかし、この頃より左股関節がさらに不安定となり、左股関節を他動的あるいは能

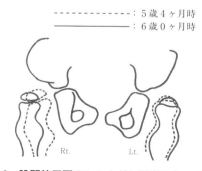

図3-2　股関節周囲のレントゲン写真スケッチ図

動的に動かす際に「グジッ」と異音がすることがある（第40回：5歳9ヶ月）。

6歳0ヶ月時に再度行われたレントゲン撮影によって（図3-2実線部）、股関節脱臼が進行していることが確認されたために、股関節修復術が実施されることになる。手術は6歳1ヶ月時に筋切離術が実施され、6歳3ヶ月時まで入院し理学療法が行われた。

5歳を過ぎた頃より、股関節の状態が不安定となりはじめた。これはA児の動作が次第に能動性を増してきた頃に一致する。この頃の援助手続きとしては、導入部のゆるめ課題を充分に行うこと、股関節が求心位（大腿骨長軸が骨盤内に向かう状態）となるように形を整えた坐位姿勢をとらせてから始めることに留意した。これは、股関節を屈曲・外転・外旋肢位にすることで、大腿骨頭が骨盤内を向くようになり、脱臼に対して予防的に働く。また動作法の実施にあたっては、余分な緊張が入らないようにするために、A児にがんばらせ過ぎないようにし、課題動作以外の余分な動きは抑えながら行った。

4）第Ⅳ期（45回：6歳4ヶ月〜51回：6歳11ヶ月）：手術後の援助経過

退院後最初の頃の坐位姿勢は、脚を前に投げ出して軽く曲げた姿勢、ちょうど長坐と楽坐の中間位のような姿勢である。A児は両手を体側について上体を一人で起こしておくことができ、そのときに上肢が以前よりも楽に使えるようになっている。その姿勢で、後傾気味の骨盤をタテに起こす動作と、背反らせによる右肩から右胸にかけての弛め動作を行なう（第45回：6歳4ヶ月）。そして骨盤を起こして上体が直になるように形作りをした後で、A児の肩と腰に手を当てA児が左右の尻で踏み締めるように、左右の座骨に向かって軽く負荷をかける。すると自分で腰と上体を起こしながら踏み締める動きがみられる。その後で補助の手を放すと、数秒だがA児も床についた両手を放して一人で坐っておくことができる（第50回：6歳9ヶ月）。第51回（6歳11ヶ月）の頃には、下肢を楽坐やあぐら坐に組んだ姿勢で行なう。この姿勢で、「おへそを前に出すように」促すことでA児は骨盤を起こすことができ、数秒ではあるが両手を床から放して坐ることができる。

手術後は下肢全体と体幹部、特に肩から胸にかけての筋緊張が低くなっており、A児本人にとっても身体が動かしやすく楽になった様子で、手術によって股関節だけでなく全身状態が改善した様子がうかがわれた。手術後の援助手続きは手術前と大きく変わるものではないが、まず全身の緊張を高めて伸展傾向にならないように留意した。そのために、無理にがんばらせるようなことはさせずに、上体を起こしておくように促すことと、タテに力を入れてきちんと尻で踏み締めさせるようにした。

4　まとめと考察

（1）股関節修復術と動作法について

本事例のように、股関節修復術を行って特別支援学校に入学したり、入学後手術を受ける重度肢体不自由児は少なくない。筋腱延長術は動作法において否定的にとらえられることも少なくないが、本事例のように痙直型で重度の場合、股関節脱臼修復術は過剰な筋緊張を減少させ、成長に伴う骨変形を予防する観点から有効な方法であるとともに、動作法の実施や動作発達において有益な働きを果たしうると考える。ただし手術をすればそれで過剰な筋緊張が治るわけではなく、また新しい動作が獲得されるわけでもない。あくまで手術は様々な動作を行うための身体構造的な基盤を補正するためのものである。手術前の援助を十分に行うだけでなく、筋緊張の状態が変わった身体に適応し、からだを使いこなせるようにするためにも、手術前後の援助は不可欠である。

手術後の動作法では、楽坐姿勢をいつの時期からとらせるかが一つのポイントである。これは、筋切離術を行っているために筋肉に侵襲が加わっており、いきなり各関節を全可動域まで動かすことで痛みを生じさせたり、筋を傷めたりすることがないようにするためである。ただしA児も含めほとんどの場合、最も慎重を期すべき時期は、入院によって医学的な対応がなされている。A児の場合も退院は手術後約2ヶ月を経過しており、Trによる援助

が再開したのも約8週間後であった。その時点では、ほぼ全可動域まで動かしても差障りはない状態になっているが、手術後の回復状態は個人差もあり、一概に何週間後であれば全可動域での運動が可能かどうかを断言することはできない。医学的情報の収集とともに、本人の痛みや動きの状態をみながら援助を実施することが必要である。

　Thは手術前に、運動機能訓練を担当する作業療法士とレントゲン写真を見ながら情報交換をする機会があり、A児の身体的状態についての理解の助けになった。

（2） A児の動作変化について

　援助開始当初、A児の課題への対応は受け身的で、Trの他動的な援助に頼っていた。第Ⅱ期から第Ⅲ期にかけて、自分で骨盤をタテに起こそうとしたり、頸を起こそうとするなど、次第に能動的な動きが見られるようになる。しかし同時に、頸や腰を反らせるなどの余分な動きも入るようになる。この頃に股関節の亜脱臼傾向が指摘され、5歳を過ぎた頃より、股関節の状態がさらに不安定となっていった。亜脱臼傾向となることで坐位姿勢がより不安定となり、痛みが生じることで筋緊張が増加する。それと同時に、課題動作や日常生活動作に随伴する緊張が亜脱臼傾向を憎悪もさせており、両者は相互作用的であると考えられる。動作法の実施にあたっては、両者の悪循環を生じさせないように配慮していくことが必要である。すなわち、充分な弛め課題の実施、股関節を求心位に保持した姿勢での援助を行うこと、随伴する余分な動きを抑えながら、A児に頑張らせ過ぎないように配慮した上で、タテの力を入れるような動作課題を行うことが必要である。股関節の求心位保持は股関節脱臼がある場合に特に留意しなければならない点であるが、それ以外の点は股関節脱臼を伴わない場合でも留意しなければならない点である。

　そして手術によって股関節周囲の筋の状態が変化すれば、それまでのからだの使い方とは違う使い方をする必要がある。本事例のように、筋緊張を過

剰に高めるような身体運動が多かった場合、それまでと同じからだの使い方をしていたのでは、また筋緊張を亢進させてしまいかねない。過剰な筋緊張が減少しているその時にこそ、余分な力を入れずに動かす動作様式を獲得していく必要がある。援助の手続きとしては手術前と変わるものではないが、いきなり全可動域の運動を求めるような課題は避ける必要がある。そして動作課題としては、股関節を含む骨盤周囲を能動的に動かせるようになるために、骨盤をタテに起こしていくことや、尻での踏み締め課題を繰り返した。このことは、坐位の安定に有効に働いたと考えられる。

（3）遊びや他者への関わりの変化について

　本事例への援助は、述べてきたような動作法によるものが中心であり、コミュニケーション指導を行ってきたわけではない。またA児はTrによる援助以外にも運動機能訓練を受け、Ⅳ期以降は特別支援学校での教育や指導も受けるようになっている。そのためどこまでがTrによる援助の効果であるかを断定することはできないが、この三年間を通して坐位の姿勢が楽にとれるようになっただけでなく、遊びの様子も変わってきた。具体的には、それまで横になって目の前に置かれた玩具でばかり遊んでいたが、遊びたい玩具を指差したり、「○○ちょうーだい！」と大きな声で要求するなど、遊びに対して積極的となった。さらにその要求をする相手も、目の前にいる人から周囲の人に広がっていった。そして周りにいる兄妹と言い合いもすることがあるなど、周囲への関わりが広く積極的になっていった。また母親の話しによれば、生活上の介護やおんぶ、抱っこと言った移動が行いやすくなったということでもあった。これらはいずれも、周囲との関わりの積極性を示すエピソードである。

　こうした変化はA児の自然な発達である可能性もあるが、そこに自らの身体への関り方の変化が貢献していると考えることもできる。A児は重度の肢体不自由があり、臥位では全身的に伸展傾向を伴うような筋緊張の亢進状態

がみられた。援助を開始する当初の目標として、筋緊張をA児自身がある程度自己調整できるようになること、ということを挙げていたが、それは援助過程を通じてほぼ達成できたと考える。この自己調整できる、ということが重要であったと思われる。すなわち、A児が筋緊張に支配されるだけでなく、その筋緊張を自らが操作可能なものとして、自己調整の対象として選択し、さらに実際にある程度の自己調整が可能となった。そこには、自己身体を操作の対象として選択し操作を行うという動作的自己の発現をみることができる。さらに自己調整が可能になるためには、単に操作対象として選択しているだけでなく、身体を動かしたことで生じる固有感覚などをもとにさらに身体を操作するという二重三重のループができている必要がある（図3-3）。この自己と自体の間に成立する二重三重のループが動作的自己を明確なものとして、外界に向かう目標志向的な外界への働きかけをも明確なものとしていったと考えられる。

　動作的自己についてP.ロッシャ（2007）は、身体の動きを①自動的あるいは反射的な反応、②行為システム、③意図的行動と分けて、これらが生後18ヶ月までに出現するとしている。A児の場合、当初は伸展傾向を伴う筋緊張など、反射的な反応が優位であったが、それが次第に変化してくる。P.ロッ

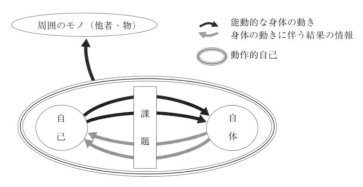

図3-3　動作的自己とその統合のための課題設定

第3章　動作的自己（Intentional Self）の発達と統合　85

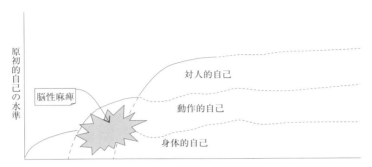

図3-4　危機がおよんだA児の原初的「自己」の水準とその後の発達のイメージ図

シャ（2007）は行為システムや意図的な行動を外界との関係で論じているが、A児の場合には例えば、坐るという目標に向かって自己身体を適切に調整できるようになっている。さらにこうした筋緊張の自己調整ができるようになってくると、周囲の人や玩具に対して意図的な関わりが増えてくるところは、まさに意図的な行動の出現である。このように、坐位姿勢が安定してくるといった身体運動だけのことにとどまらない、自己身体を基軸にした新たな自己、すなわち動作的自己の統合をこの過程の中にみることができる（図3-4）。

A児への援助はその後も継続しており、手術後三年以上が経過した時点においても、特に強い緊張の亢進は認められず、図3-5に示すように坐位姿勢もさらに安定してきている。これからさらに身体的に発達していくのに伴って、どのような変化が生じるか、動作法によってどのような変化を見ることができるのか、慎重に見守っていく必要がある。

図3-5　手術後一年半経過した坐位姿勢

第2節　動作的自己の統合に伴って周囲への能動的な行動が広がった事例

1　はじめに

　脳血管障害（脳梗塞・脳出血）は中高年に好発するため、その後遺症を抱える人達は高齢者人口の増加とともに増え続けている。脳血管障害による中途障害は、運動麻痺や失語・失行・失認といった様々な機能的障害や、それらを契機とする能力的障害や社会的障害を複合的に生じさせ、多次元的な心身にわたる現象を示す。こうした障害を持つ高齢者（障害高齢者）に対し、筆者は病院内のリハビリテーション関連職種として、自分の身体に気づいて適切な注意や努力をはらうことを治療目標に、動作法を中心とした心理臨床的援助を行ってきた（石倉 1995、1996、石倉ら 1995）。

　高齢者を対象とした心理臨床活動において、動作法を用いた報告は比較的多く見られる（長野 1992、針塚 1992、藤岡 1992）。それは動作法が身体を介する援助であり、セラピストからの指示やクライエントからの応答が動作として表現され、その動作を通した相互作用が重視されるために、必ずしも言葉を必要としないという大きな特徴のためである。そのため、言語障害や高次脳機能障害、聴覚・視覚機能の低下などをきたした高齢者に対しても適用が十分に可能である。また筆者の経験として、抑うつ気分が強く他者との交流をあまり持ちたがらないような高齢者であっても、治療の場として治療者から身体を扱われることには肯定的であることが多く、そうした方達の場合にも適用が比較的容易である。このように動作法による援助は、対人交流や治療的関係の維持が困難な障害高齢者への援助法として導入が容易であるだけでなく、相互理解にも適当なものであると考えられる。

　また、動作法は従来医療分野で広く行われている運動機能訓練とは異なり、

ひとの身体運動を要素に分解したり、中枢神経系からの遠心性刺激の結果としてのみとらえず、人の意図や努力といった心的過程を重視するものである。そして動作課題面接に際しては、運動と運動感覚の相互性や探索的身体運動に基づく身体感覚を重視する。さらにタテ系と呼ばれる場合には、身体運動による自己身体に対する知覚と大地・環境に対する知覚の両方をもたらし、それらは互いに補足しあう。こうした身体運動・自己知覚・空間知覚の相互性・複合性を持つことも動作法の特徴といえる。

さらに、動作法は基本的に一対一の対人関係の中で実施される。そこでは視覚的・聴覚的・触覚的・固有感覚的に多様な感覚モダリティーによる相互交渉がなされている。このことは、動作を単に固体内の運動としてのみとらえず、二者間で共有され共同的に生み出されるものという視点を持つ。さらにこうした相互交渉には、お互いが同じ身体部位や動作に注意を向けたり努力を行うことが必要となる。動作のこうした共同性・相互性が重要視されることもまた、動作法の特徴といえる。

こうした動作法の適用によって、障害高齢者が自己身体に適切な注意を向けることが可能となり、そのことが心身の活性化や動作改善に有効に働くことについて、石倉（1995、1996）や石倉ら（1995）は事例を通じて示唆を行ってきた。そこで今回は、動作法の適用によって動作改善と施設適応がみられた障害高齢者について報告し、身体的自己や動作的自己という「自己」の再統合の視点から考察を行う。

2　事例の概要

（1）出川氏（仮名）女性　79歳
診断名：①脳梗塞後遺症（左片麻痺）、②糖尿病、③変形性膝関節症（両側）

（2）当院入院までの経過
子どもは三人いるがそれぞれ独立しており、A市内で一人暮らし。夫とは

死別。

　X－1年5月30日夜に左腕が上がらず、近医を受診する。一日おいて6月1日朝に蒲団から起き上がることができず、A市内の病院に入院し治療を受ける。長男が隣県のB市内に住んでいることから、X－1年6月20日にB市内の総合病院にリハビリテーションを目的に転院する。X年4月3日にリハビリと療養を目的に、筆者（以下"Th"）が非常勤の理学療法士として勤務する病院に転入院となる。

（3）動作課題面接の主な内容

　入院直後より、20～30分程度の動作課題面接を一週間に二回実施する。

　動作課題は初回面接時の見立てにもとづき、腕上げ動作課題と手指の屈伸（閉じたり開いたりする）動作課題、立位での踏みしめ動作課題を行う。

　課題の遂行にあたっては、まず自己身体にきちんと注意を向けられるように留意した。

3　面接経過（「　」は出川氏の発言、〈　〉はThの発言を示す）

（1）初回面接（4/5）と見立て

　言語的な会話には問題なく、一番困っていることは「手が使えん」ことと「歩くのがいかん」ことと語る。話し声は小さくはっきりせず、表情も暗く硬い様子。

　運動機能的には一本杖を使って歩くことは可能だが、安定性が不十分なことと、本人に歩くことについての自信が乏しいために一人ではうまく歩けない。歩き方は、腰を少し曲げて足元を見るようにうつむきかげんである。

　また両上下肢について、ペン先で軽く突つくと両側ともに痛みを感じることはできた。さらにThが両上下肢をなでるように触ると、右側よりも左側が少し感じが鈍いものの、触っていることを感じることもできた。これにより、表在感覚については左上下肢にごく軽い鈍麻はあるが、動作課題実施上

第3章　動作的自己（Intentional Self）の発達と統合　89

の問題になるほどではないことを確認する。

　動作課題は腕上げ動作課題と手指の屈伸動作課題を中心とする。こうした課題を導入した狙いの一つは左片麻痺による動作不自由の改善である。二つ目には、自分で自分のからだを動かしているという実感を得ることである。出川氏本人の話しによれば、これまで上肢や手指については他動運動的な訓練が多く、自分の動作についての感覚を伴いながらの訓練を行っていなかった。この自分のからだについての実感は、「自体感（鶴1991）」として動作療法においては重視されている。また出川氏は、転入院当初自発的な会話が乏しく表情も暗く硬く、Thらが運営するデイルームへもあまり出てこずに自室で過ごすことが多くみられた。石倉（1995）や石倉ら（1995）は自己身体についての実感を適切に感じ取るようになる過程が、障害高齢者の動作改善や心身活性化に有効に働くことを示唆してきており、こうした実感を高めることが心理的援助として必要と考えられた。

　腕上げの身体運動（背臥位において肘関節伸展位で肩関節を屈曲させること）そのものについては、Thによる補助がないとできないが、腕を上げるように動かすことがわずかにでき、手指も全体で曲げることはできた。しかし力が入っている感じや動いている感じなどの身体運動感覚はほとんど感じられない様子で、〈動いてますよ〉〈力が入ってますね〉とThが声をかけても、特に応答も見られず、ポーッと無表情なままでいた。

　初回面接後の4/11に病院行事で花見に出かける。車椅子を使いながら半日の行程に参加するが、表情はさえず、精気のない顔をして過ごす。

（2）Ⅰ期　身体への気づきの時期

＃2（4/12）〜＃11（5/21）

　＃7（4/30）には、左手指屈伸の動きがわずかだが力強いものとなり、また親指が他の指と向き合うような動きもわずかにできるようになる。さらにこうした動作を行うときに、腕や指の様子をじっと見ながら、感触を味わう

ように注意を向けている様子が見られるようになる。そして「何か希望が出てきました」と語る。また #10 (5/17) には、左手指屈伸の動きがさらに力強くしっかりしたものとなり、出川氏もそれをじっと感じ取っている様子が伺える。

（3） Ⅱ期　固有感覚の明確化の時期
#12 (5/24) 〜 #18 (6/14)

　Ⅱ期以降の動作課題として、立位での踏み締め動作課題を加える。

　踏み締め動作課題は、Th が出川氏の前に腰掛けて、肩や腰、膝などの身体部位を適時支えながら、左右それぞれの脚に体重をかけて、そのときに脚に力が入った感じや体重がかかった感じを感じ取るように促すものである。

　#12 (5/24) では、左足で踏むときに Th が腰から体重を乗せて踏むように誘導すると、「あー、こうすれば」と動きの感覚に気がついたようで、その後も自分で踏み締め感を確かめるようにしながら自分で踏み締め動作を調整して行うようになる。#13 (5/28) にも、足で踏む感触を味わうようにして踏み締め動作を行う。#16 (6/7) には、右手で Th の肩を持ちながら左足での踏み締めを行うが、このときに「カクッといきそう」と膝折れしそうな感じに出川氏自身が気づく。その後で出川氏は、膝折れしない程度に、なおかつ左片足立ちができる程度に左足での踏み締めを細かく自己調整する。#18 (6/14) には、〈入院されてきた頃よりも（脚が）力強くなっていますよ〉と伝えると、「そうですネ」とはっきり返事をし、脚の動作についての実感がつかめている様子を表わす。

　この頃より、デイルームにおいて他の患者さんとおしゃべりをしたり (5/23)、他の動けない患者さんを気にかけて心配そうにする様子が見られるようになり始める (6/7)。また牛乳パックで花瓶や小物入れを作る作業に参加するようになり (5/27)、作業に使う材料を自分で探してきてバッグに入れて持ってくるようにもなり、自室でも小箱を作るようになる (6/4)。また

毎日何人かずつ近くの公園に散歩に行くのがデイルームの日課であるが、その散歩にも自分から行きたいと希望するようになる（5/31）。

#18の後、Thとの動作課題面接を一週間に一回の頻度に減らすことにし、出川氏も了解する。

その後八月に入ると、失語症で車椅子を使用している男性患者とデイルームで五目並べを頻繁に行なうようになる。9/14には他の女性患者に混じって習字を始めるようにもなり、そこでは翌年の年賀状の練習をする姿が見かけられた。この頃より、病棟スタッフからも「明るくなってきた」「表情がいい」「意欲的で、明るい」と肯定的な評価が多く聞かれるようになる。

4　まとめと考察

（1）固有感覚への気づきと動作的自己

固有感覚は、自らの身体の運動そのものが刺激となって、その運動によって引き起こされた自分の身体の状態と外界の変化を知覚するものである。そこで知覚される情報によって、「自分自身」と「外界のモノ（他者や物）」の区別が可能となり、環境中におかれた自分自身について固有感覚的に特定されたものが生態学的自己と呼ばれ、「自己」の最も原初的なものと考えられている（P.ロッシャ 2001）。出川氏の場合、こうした固有感覚の気づきにいくつかの水準が読み取れる。

一つ目は、初回面接時に痛覚や触覚、運動覚といった感覚について簡単なテストを行った。そこでは感覚器官の生理的機能が、完全ではないにしろ概ね保障されていることを確認できており、固有感覚の知覚そのものが可能な状態であることを確認している。

二つ目は自らの固有感覚についての気づきである。面接初期の頃には、腕上げ動作や手指の屈伸動作がそれぞれわずかではあるが随意的に力を入れて動かすことができている。しかし初回面接時や訓練初期には、随意的に動いていることをThに指摘されても、自分で力を入れて動かしているという実

感が出川氏には感じ取れていなかった。それが8回目の面接では、腕上げ動作でじっと腕を見たり腕の動きに注意を向けて、動きの実感を感じ取ろうとするようにもなる。7回目では手指の動きに実感を持つことができた様子で、「何か希望ができてきました」と語る。このように、固有感覚を感じ取ろうとして課題動作に適切な注意を向けることができるような状態、言い換えれば身体の動きや固有感覚を知覚の対象として選択している、あるいは意図的な知覚対象の選択と言える。これは、第2章で述べてきた「身体的自己」の統合の過程と一致する。

　そして三つ目は、固有感覚を伴って能動的・探索的に身体操作を行うものである。12回目で出川氏は、立位で腰から体重をかけて踏むことでその踏み締め感を味わいながら、「あー、こうすれば」と言いながらさらに身体操作を行うようになる。16回目には立位での踏み締め動作の際、「カクっといきそう」と膝折れの感じに気づくが、それからさらに膝折れしないように踏み締めの程度を自己調整する。さらに18回目では腕上げ動作のときに動きが力強くなるとともに、Thの援助にあわせるようにゆっくりと自分で動きの程度を調整しながら腕を上げ、「だいぶ力が入るようになった」と語るようにもなる。これは、固有感覚と身体運動の相互作用が見られる状態である。

　動作法では、クライエント（以下"Cl"と略す）が達成できそうな課題をThが見抜いて設定し、それに向けてClとThがともに努力していくという構造がある。その際、Cl本人の能動的・探索的な身体運動を促し、Thはその様子をClに逐一瞬時にフィードバックする。ClとThのこうした細かなやり取りは動作法の大きな特徴であり、単なる他動的な運動機能訓練やClが一人で行う自主訓練では実現が困難である。こうした意味から、固有感覚を知覚しながら能動的に身体操作が行えるようになることは、動作法における大きな援助目標の一つと言える。

　出川氏との面接過程ではこうした援助目標が順調に展開できたと考えられる。知覚と感覚についての生理的機能を確認した上で、自己身体についての

固有感覚を知覚の対象として選択した上で、自己探索的に自分の身体を動かそうとする「身体的自己」の統合を踏まえて、三つ目として自己身体を操作の対象として選択する段階では「動作的自己」の統合を見ることができる。動作的自己について、P. ロッシャ (2007) は身体の動きを①自動的あるいは反射的な反応、②行為システム、③意図的行動に分け、生後2ヶ月の頃までには自分が置かれている状況を見極めて、対象物に意図的なかかわりを始めるとしている (P. ロッシャ 2001)。G. バターワース (1995) は、このことによって自らが外界に影響を与えることのできる存在であることを発見するとしている。これらは乳幼児の発達についての知見ではあるが、同様のことが出川氏にも起きていると考えることができる。すなわち出川氏は、固有感覚への気づきができ始めたことで、自らの身体を操作の対象として選択するようになり、能動的・自己探索的に身体操作を行うようになる。このような「身体的自己」の統合→「動作的自己」の統合と課題の関係について図3-6と図3-7にしめす。これらのことによって、自らが自分の身体に影響を与えることのできる存在であることを再発見していったと考えることができる。そしてこの再発見が、次に述べるような幾つかの側面に変化をもたらす基盤となっていったと考えられる。

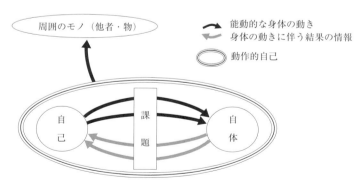

図3-6　動作的自己とその統合のための課題設定

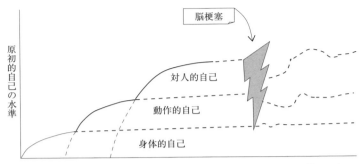

図3-7 危機がおよんだ出川氏の原初的「自己」の水準とその後の影響のイメージ図

（2）コミュニケーションとしての動作課題

　(1)の動作的自己の統合という側面に対し、動作課題の遂行には他者との関係という側面もある。出川氏との動作法場面におけるこうした動作的コミュニケーションにも、いくつかの水準が読み取れる。

　第一に、Thが触ったり動かしたりしたときにそれが何らかの意図を持った他者によって触れられている、と感じることができる水準である。初回面接時に出川氏は、Thのフィードバックに対して無反応であり、Thにただ何かをされるだけの一方的な関係であった。

　まずⅠ期で出川氏は、Thの言語的指示や動作的誘導に応じることができるようになる。これは、Thからの働きかけに明確な応答を示す状態であり、その後動作的・言語的やり取りが継続していくことになる。

　次にⅡ期では、身体運動の能動性が高まることでThの援助で動いたのかCl自身の動きだったのかがはっきりわからなくなり、いわば「一緒に動いた」ような感じになる。すなわち課題そのものはThが示すわけであるが、Clの動作は単にThの働きかけに応じたものではなく、Thの働きかけもClの動作に沿って行われる。そのためその働きかけと応答の一体感は、ThにとってはClが身体をどのように動かすかという動作様式についての理解そのものである。こうした理解は「わかってもらえる」という安心感をClに

与えることができると考えられる。これは、孤独感や寂しさにとらわれやすい障害高齢者にとって大きな意味を持つと考えられる。

（3）動作改善

動作課題面接を通して、特に左手指動作と立位・歩行動作に大きな変化がみられた。

左手指の屈曲・伸展がある程度随意的にできるようになるだけでなく、拇指が示指や中指と向かい合い、「つまむ」動きができるようになる。これにより、例えば「目薬をさすのに、（左）手で持ってふたを開けられるように」なる。立位・歩行動作も安定し、入院当時は介助者がいないと歩けなかったが、その後病院内については一本杖をつくことで、一人で歩き回れるようになっている。

こうした動作改善は、第Ⅱ期以降に見られるようになりはじめ、身体運動と固有感覚の相互作用がみられるようになり始めたことが、動作改善に結び付いていることが伺える。意図的なものとしての自己は、自己の動作能力を有効に発揮させることができるようになったと考えられる。

（4）施設への適応

入院当初自発的な会話に乏しく、表情もさえず、自室に引きこもりがちであった出川氏が、第Ⅱ期の中頃より他の入院患者と積極的におしゃべりするようになり、また他の患者のことを心配し気にかけるようにもなる。さらに、軽作業や散歩にも積極的に参加するようになる。それまで抑うつ的とすら思われていた出川氏が、デイルームの中において作業やゲームに積極的な役割さえ担っていくようになる。

出川氏は言語機能的に問題はないものの、住み慣れた町を離れて入院するという大きな生活環境の変化と、長期入院といういわば閉ざされた時間と空間での生活を送っている。そのため日常的にコミュニケーションを行う人は

限られ、特に当院転院当初はそれが著明であった。そうした状況にあってThは定期的に面接を行い、特に出川氏の身体的・動作的困難性についてはもっとも了解しており、その軽減に向けての方策を出川氏とともに話し合い、努力している。こうした治療関係そのものが、出川氏の不安感を軽減し、Thとの面接やデイルームでの活動への意欲を高めることに働いていたと考えられる。まずこうした人間関係が保障されていることが、出川氏のような長期入院の高齢者が施設に適応していく過程には必要なことであると考えられる。

第3節　動作的自己の発達と統合に向けた援助

1　何かを操作の対象として選択する主体としての自己

J. R. サール（1983）は、行動が「世界の中にある出来事の状態や対象に向けられることによって生じるような多くの心的な状態や出来事の特性」のことを Intentionality（意図性・志向性）と呼んだ。Intentionality は目標志向的行為ととらえられ、その目標は自分の生活する世界の中に存在するものである必要がある。P. ロッシャ（2001、2007）が「2ヶ月革命」と呼んだ意図的で計画的な行為システムは、乳児が反射や偶然ではなく、目標と手段を密接に連携させて外界の対象物に意図的な関りをする様子で説明されている。そこには、何かを見るのに邪魔な物をどけるというように、何らかの目的（何かを見る）を達成するための目標（邪魔な物）となるものを選択し、それを操作の対象として選択して実際に操作を行う（どける）という過程が存在する。そしてその操作の対象が、自分の生活する世界の中に存在するものと言うのであれば、外界にあるモノ（他者や物）だけでなく、自己身体もその対象となる。

　私達は日常、自分の身体は操作の対象ではなく、外界のモノ（他者や物）

を操作するための手段であり、モノを操作するために身体は自由に動く存在であるとみなしているであろう。しかし、それはいつの場合にも必ずしもそうではない。第1章第3節でも述べたように、スリップと呼ばれる行為の誤りや高次脳機能障害の一つである失行症は意図通りに行為が生じない代表例であり、肢体不自由や加齢等による運動能力の低下でもまた同様に、意図通りに身体の動きが生じなくなる。また、新たな動作学習（例えば技の習得）でも同様のことが起きる。そうした場合には操作の対象として、自己身体そのものが選択される必要がある。失行症でマッチをすることが困難な患者は、マッチへの注意とともに、マッチを持つ自分の手指の動きの感覚や動きそのものに注意を向けなければならない。歩行障害のある者は下肢の動きの感覚や動きそのものにも注意を向けることが必要になる。技の修得においても、茶を点てる茶筅の振り方を身につけようとする者は茶筅を持つ手の感覚や動きにも注意を向けなければならない。もちろん、マッチの状態を目で見て、歩くことで変化する外界も確認し、点てた茶から立ち上る香りも嗅ぎ、と外界の状態についての知覚も必要であり、そこには身体を動かすことによって知覚される固有感覚と外界が変化することを知覚する視覚や嗅覚などの外部知覚との共知覚が求められる。しかしやはり、そうした場面において操作の対象となるのは主に自分の身体である。自己身体を操作の対象として選択し、外界の変化につながる適切な自己身体の操作を行う営みは、意図的に身体を動かそうとする動作的な自己の現れである。

2　動作的自己の統合に向けたアプローチ

本章第1節では、筋緊張の亢進しているA児が、自分自身で筋緊張をある程度自己調整できるようになると時期を同じくして、坐位姿勢の安定だけでなく、周囲のモノ（他者や物）への関わりが積極的になっていく過程を紹介した。また第2節では、固有感覚の明確化とともに身体の動かし方についての細かな調整をするようになるにつれて、安定的な歩行動作と対人交流の増

加がみられた脳卒中後遺症者の過程を紹介した。これらの事例では、自分の身体の状態や身体の動きの感じ、すなわち固有感覚的に特定される自己身体に注意を向けるだけでなく、筋緊張の自己調整や手指動作、歩行動作などのように、具体的に身体の動きを主体的に操作することが重視された。そのために、幾つかの身体の動かし方のパターンの中で、Cl自身の能動的な運動とそこで生じる固有感覚や外界の状態についての共知覚的な情報が重視され、身体の状態や動きの様子について即時的に細かく伝え返す援助が行われた。こうした関わりは第2章で紹介したように、動作法と呼ばれる心理療法では普通に行われることであるが、こうした関わりが動作的自己の再統合につながっていったと推測される。何らかの対象に意図的な操作ができるようになることは、認知された「今、ここ」を越えた外界と未来に向けた志向性を得ることとなり、そのことが生活する世界の中に存在する対象に対しての能動的な関与を生み出す源泉となる。このように、操作の対象として自己身体を選択し、その操作ができるようになる過程に本人の意図性を見出すことができ、それを導き出すことが動作的自己の再統合に向けたアプローチであると言える。

　前述したが、意図どおりに行為が生じない場合として失行症がある。失行症は主に優位（左）大脳半球頭頂葉周辺の病巣に由来する高次脳機能障害で、運動障害がなく、行うべき動作や行為がわかっているにもかかわらず、これが適切に行えないものである。こうした失行症に対する治療的アプローチの一つにAffolterアプローチ（B. ゾルタン 1996）があるが、本章の第1節第2節で行ったことによく似たアプローチが行われている。すなわち、ある課題となる行為を実施する際に、セラピストは患者の動きに手を添えて援助し、言語的な援助よりもセラピストと患者との間に生じる触-運動的交互作用に基づいて行動と対象についての情報を患者に提供しようとする。対象物を操作する課題であれば、セラピストは患者の指先に手を置き、物品の正確な操作を導くが、患者の手だけが物品に触れていることが望ましいとされる。そ

してセラピストは援助を次第に少なくしていくが、必要に応じていつでも援助を行うものである。ここでも重視されるのは、Cl自身の能動的な運動とそこで生じる触感覚や固有感覚であり、動きと外界の状態についての共知覚である。

　肢体不自由や失行症の場合は、意図どおりに対象が操作できないケースであるが、意図の発現、すなわち何かを操作の対象と選択してそれを操作しようとすることの確認が困難なケースがある。重度重複障害あるいは重症心身障害と呼ばれる子ども達、あるいは重度意識障害や植物状態と呼ばれる人達である。こうした人達では、何らかの対象物（自己身体も含む）に対して意図に基づいて計画的な行動で働きかけることが極めて困難であるように見える。こうした人達の動作的自己に対して何らかのアプローチは可能であろうか？藤見（2005）は、植物状態を「コミュニケーションの方法を喪失し、動くことのできない状態にある人」ととらえ、植物／昏睡状態にある人の呼吸への注目、聴覚・視覚・動作・身体感覚などへのブランクアクセス等によって、患者の非日常的意識に接近を試みている。こうしたアプローチはその内容と効果を実証することが困難であるため、実際を知らない者にはコメントをすることがはばられるのだが、通常では直接把握できるレベルではないことが、そこに集中して待つことで、「気配」「働き」「傾向」「感覚」が極くわずかに、しかしときにリアルに把握される（藤見2003）と言う部分には共感できるものがある。二宮（2002）は子ども自らが身体を動かすことがほとんど見られない、あるいはごく弱い動きしか出せない子どもを重度・重複障害児とした上で、自分のからだを能動的に動かそうとしているかどうかという心的プロセスに注目して、そうした動きを引き出すための方法として動作法を紹介している。そこでは、ひとがひととして生きていく世界を作り上げるために必要不可欠な自発的・能動的に自分のからだを動かすという体験をほとんどしたことがない子どもであるからこそ、子どもがからだを動かそうと努力するように、より良い努力の仕方ができるように働きかけることが、彼ら

の発達援助に有効であると述べている。藤見(2005)のコーマワークにしろ、二宮(2002)の動作法にしろ、はっきりと顕在化する身体の動きではないが、そこに立ちあらわれるわずかな反応や応答と、それがあらわれるプロセスを重視するという共通性がある。はっきりした意図性を読み取ることが難しい人達の場合には、わずかに立ちあらわれる応答や反応に、援助を行う者がクライエントの意図を見出し、意味づけすることが必要であると考える。動作的自己は、そうしたわずかな反応としてみられる身体の動きについても、「自己」の成立と発現を読み取り、次なる「自己」の段階である「対人的自己」の基盤を見出すことに貢献するものと期待される。

第4章 対人的自己 (Interpersonal Self) の発達と統合

第1節 重度認知症者の視覚的注意にみる対人的自己の変容

1 問題と目的

　認知症は記憶能力の低下と判断力等の認知的能力の低下を主症状とする疾患であるが、高齢者ケアの現場においてはこうした中核症状そのものよりも、認知症者とのコミュニケーション不全や他者・自己・社会との関係の障害が課題となることが一般的である。そしてそうしたコミュニケーション不全や関係障害が、徘徊や妄想、うつ状態や攻撃行動などの行動上の障害につながるとも考えられている。

　認知症者とのコミュニケーション不全の背景には、記憶や言語の障害といった要素的な情報処理能力の問題、他者への興味関心やコミュニケーション意欲の低下といった力動的な問題、他者とのコミュニケーションの失敗がコミュニケーションの逃避を生み、それがコミュニケーション能力の低下を招くという心理社会的な問題などが指摘されている。さらに矢富 (1996) は、知的障がい者が恥ずかし笑いをするのに対し、自閉症者にはそれが見られないという針塚の私信を引用して興味深い指摘をしている。すなわち、軽中度の認知症高齢者は恥ずかしげな笑いをする者がいるのに対し、認知症が重度になると恥ずかし笑いのような他者を意識するような笑いが消失することを認め、こうした笑いの欠如が自己の存在と他者の関係を認識できていないことの反映である可能性を指摘している。このことから、認知症と自閉症の両

者の自己意識の中における他者の存在についての問題があることが考察されている。

このように自閉症と認知症のコミュニケーション特性上の類似性については、筆者自らも臨床的に実感することがたびたびある。また自閉症児の保護者など自閉症児をよく知る人で、介護職として仕事をしている人にも同じような印象を持つ者もいるが、その類似点と相違点について明らかにするような研究は行われていない。

近年、共同注意が他者理解の発達や愛着形成と密接に関係し（別府2002）、また自閉症をはじめとした発達障害児の早期スクリーニングに貢献することが明らかとなっている（大神2008）。すなわち、他者が見たり指差したものに気づき、そこに伴う情緒的な共有が他者理解や愛着形成には重要であり、自閉症児の場合にそれが困難であるというものである。認知症者において、もし矢富（1996）が指摘するような他者の存在に関する意識に問題があるとするならば、こうした共同注意、あるいは他者や物に対する注視に自閉症児者と類似する特徴が見出せるのではないかと考えたことが、本研究の出発点である。そこで今回はまず、認知症高齢者の生活場面における視覚的注意と発話の特徴について検討することを目的として研究を行うものである。

2　調査方法

ビデオカメラを用いて、認知症高齢者の日常生活行動を記録する。観察対象者は、グループホーム（以下"GH"）に入所している認知症高齢者1名とする。ビデオカメラにより記録された行動を、あらかじめ定めた行動目録に基づいて対象者の注意行動と発話行動、その時の周囲の状況について分析を行う。

（1）観察対象者について

観察対象者は、トキ子氏（仮名・女性）87歳である。認知症と診断はつい

ているものの、長谷川式簡易知能評価スケールなどのテストは実施不能で、要介護度4である。

　トキ子氏は自分がGHに入所しているという事実を理解していないようで、喘息で病院に入院していると理解しているようである。毎日のように、自分がなぜ入院しているのか、家は大丈夫なのかと心配し、様子を見に帰るといって外出しようとすることも多い。トキ子氏は日中には、TVを見たりGHで飼っている犬やGHに出入りする子ども達とかかわりながら過ごしているが、突然に部屋を行き来し始めて、職員に自らの状況について尋ねたりすることもある。またトキ子氏は、一度不穏になるとなかなか落ち着かず、話しをそらすだけではなく、ゲームや本読みなど別の作業に集中するよう働きかけると落ち着くこともある。

（2）撮影方法

　撮影はX年8月16日、17日、30日、31日の4日間で行った。撮影は9時台から18時台の毎時15分から25分で行い、その10分間を1ブロックとして、一日あたり10ブロック100分間が撮影対象時間であった。撮影は、リビングルーム内で2台のカメラを使用して行い、1台のカメラは観察対象者の表情をとらえるために顔面を中心として主に上半身を、他の1台は対象者と他者との相互交渉や周囲の状況をとらえるために、観察対象者を中心として周囲が撮影できるように施設内にカメラを固定して撮影を行った。尚、観察対象者がリビングルーム以外の場所に移動した場合は撮影を行わないものとした。

（3）分析と分類の方法

　ビデオ映像のデータ化は10秒間を1コマとし、分析対象とする観察項目が1コマ内で観察された場合を1、観察されなかった場合を0とカウントする方法を用いた。分析は白井ら（2005）が使用した生活環境の観察項目を元に改変したもの（表4-1）を用いた。

表4-1 観察項目

発話行動 (何かしらの発話のあるものを分類)	・直接関与する人への自発的発話 ・直接関与する人への応答的発話 ・独語
注意の対象 (物や人に視線を向ける、頭部を向ける等の行動を分類)	・直接関与する人への定位 ・周囲にいる人への定位 ・周囲にある物への定位
周囲の状況	・直接関与する人の発話（関与する人が対象者に向って何かしらの発話をするもの） ・直接関与する人の行動（関与する人が対象者に向って何かしらの行動をするもの） ・観察対象者が定位する周囲の人の発話（観察者が見た人が何かしらの発話をするもの） ・観察対象者が定位する周囲の人の行動（観察者が見た人が何かしらの行動をするもの） ・観察対象者が定位する周囲の物や音（観察対象者が見た先に何かしらの物があったり音が生じている場合）

　分析は認知症高齢者について学習した上で、当該GHでのボランティアを行った者3名が担当し、常にその内の2名でビデオ画像を見ながら協議と確認の上で分類を行った。

3　結　果

(1) 場面の分類 (表4-2)

　撮影された各ブロックを、その状況に応じて以下の5場面に分類を行った。なお分類する際は、そのブロックで最も時間の長かった場面を名称として採用した。そのため、実際には場面名と異なる行動をしている場面が含まれていることがある。

　①他者と会話のある場面（以下"会話"場面）
　②レクリエーションや課題（掃除、皿拭き）の場面（以下"課題"場面）
　③新聞やTV、雑誌を見ている場面（以下"新聞"場面）
　④動き回る（いわゆる徘徊をしているが多い）ことのある場面（以下"動き"

第4章　対人的自己（Interpersonal Self）の発達と統合　　105

表4-2　撮影コマ数と場面の分類

撮影日	撮影ブロック番号	1	2	3	4	5	6	7	8	9	10
	撮影時間台	9時	10時	11時	12時	13時	14時	15時	16時	17時	18時
8月16日	分類された場面名	会話	不在	課題	不在	不在	不在	不在	不在	新聞	会話
	撮影されたコマ数	39	0	46	0	0	0	0	0	59	60
8月17日	分類された場面名	会話	会話	動き	新聞	動き	動き	動き	動き	動き	動き
	撮影されたコマ数	60	46	53	60	51	29	55	6	34	58
8月30日	分類された場面名	不在	動き	動き	不在	動き	課題	課題	動き	会話	動き
	撮影されたコマ数	0	8	56	0	12	60	56	33	60	51
8月31日	分類された場面名	動き	動き	動き	会話	課題	新聞	動き	不在	会話	動き
	撮影されたコマ数	57	36	43	60	60	53	13	0	60	51

場面）

⑤室外にいて観察不能（以下"不在"場面）。

　観察を行った日ごとに、各ブロックの分類と撮影されたコマ数を表4-2に示した。8月16日では、トキ子氏が撮影されたのは会話場面が2つ、課題場面が1つ、新聞場面が1つの計4場面である。この日のトキ子氏は落ち着きがなく、他の6場面ではリビングルームを出て自室にいたり、リビングルーム外を歩き回っていたために不在である。同様に、8月17日は会話場面が2つ、新聞場面が1つ、動き場面が7つである。8月30日は会話場面が1つ、課題場面が2つ、動き場面が5つで、8月31日では会話場面が2つ、課題場面が1つ、新聞場面が1つ、動き場面が5つである。

　以上を合計すると、分析対象場面は会話場面が7つ、課題場面が4つ、新聞場面が3つ、動き場面が17である。それぞれの場面での分析対象となるコマ数の合計は、会話場面であれば本来は420コマ（7場面の撮影合計時間が4200秒で10秒を1コマとするため）が分析対象コマ数になるが、実際には不在のこともあり385コマであった。同様に、課題場面は本来であれば240コマであるが分析対象コマ数は222コマ、新聞場面は180コマ中の172コマ、動き場面が

1020コマ中の646コマである。動き場面の実際の分析対象コマ数が少ないのは、トキ子氏が動き回っているために不在の時間が多かったためである。

(2) 単純集計結果（表4-3、4-4）

各場面での観察行動の出現コマ数と、各場面における各観察項目の出現する比率を出現率として表4-3と表4-4に示す。以後の分析においては、この出現率を使用する。なお、1コマの中で複数の観察対象の行動が認められるため、出現コマ数の合計は場面の観察対象コマ数の合計を超える。

まず4つの場面の時間的長さであるが、トキコ氏は動き場面が圧倒的に多く、新聞やテレビをみていることや、何かの課題に取り組んでいる場面が少ない。また、周囲の物を見ていることや（注意の対象「周囲の物」）、周囲の音や物に反応してそちらを向いている（周囲の状況「周囲の音・物」）ことがいずれの場面においても多いことがうかがえる。

表4-3 会話場面と課題場面での各行動の出現コマ数と出現率

		会話場面		課題場面	
		出現コマ数	出現率	出現コマ数	出現率
発話行動	自発的発話	118	30.6%	9	4.1%
	応答的発話	137	35.6%	21	9.5%
	独語	46	11.9%	59	26.6%
注意の対象	関与者	135	35.1%	12	5.4%
	周囲の人	80	20.8%	3	1.4%
	周囲の物	289	75.1%	221	99.5%
周囲の状況	関与者の発話	164	42.6%	57	25.7%
	関与者の行動	178	46.2%	59	26.6%
	周囲の発話	11	2.9%	2	0.9%
	周囲の行動	56	14.5%	6	2.7%
	周囲の音・物	287	74.5%	175	78.8%

第4章 対人的自己（Interpersonal Self）の発達と統合　107

表4-4　新聞場面と動き場面での各行動の出現コマ数と出現率

		新聞場面		動き場面	
		出現コマ数	出現率	出現コマ数	出現率
発話行動	自発的発話	5	2.9%	78	12.1%
	応答的発話	13	7.6%	184	28.5%
	独語	11	6.4%	88	13.6%
注意の対象	関与者	16	9.3%	165	25.5%
	周囲の人	8	4.7%	29	4.5%
	周囲の物	151	87.8%	571	88.4%
周囲の状況	関与者の発話	15	8.7%	241	37.3%
	関与者の行動	15	8.7%	245	37.9%
	周囲の発話	1	0.6%	10	1.5%
	周囲の行動	14	8.1%	17	2.6%
	周囲の音・物	157	91.3%	583	90.2%

（3）場面ごとの発話行動（図4-1）

　トキコ氏の場面ごとの発話行動について、4（場面）×3（発話行動）の二要因分散分析を行ったところ、場面の主効果を認め（$p<.001$）、両因子の交互作用も認められた（$p<.001$）。このことからは、会話場面で独語が少なく、課題場面では独語が多い特徴を読み取ることができる。

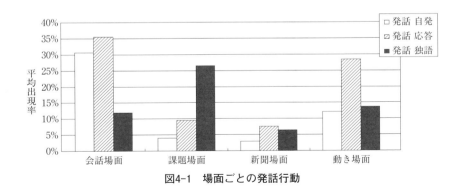

図4-1　場面ごとの発話行動

（4）場面ごとの定位の対象（図4-2）

トキコ氏の場面ごとの定位の対象の特徴について、4（場面）×3（注意の対象）の二要因分散分析を行ったところ、場面と周囲の対象のいずれについても $p<.001$ で主効果を認め、両因子の交互作用も認められた（$p<.001$）。このことからは、いずれの場面においても周囲の物に注意を向けることが多く、また課題場面で周囲の物に注意を向けることが多いという特徴を読み取ることができる。

（5）場面ごとの周囲の状況（図4-3）

トキコ氏の場面ごとの周囲の状況について、4（場面）×5（周囲の状況）の二要因分散分析を行ったところ、場面と周囲の状況のいずれについても $p<.001$ で主効果を認め、両因子の交互作用も認められた（$p<.001$）。このことから、周囲の音・物への反応が多いことと、新聞場面での関与者の発話や行動が少ないという特徴を見ることができる。

4 考察

（1）トキ子氏の行動的な特徴

図4-2に示す結果より、トキコ氏が圧倒的に「物」に視覚的な注意が向き

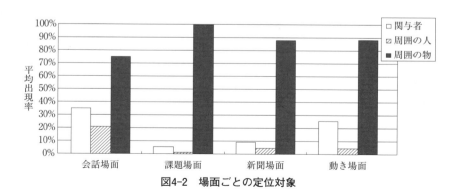

図4-2　場面ごとの定位対象

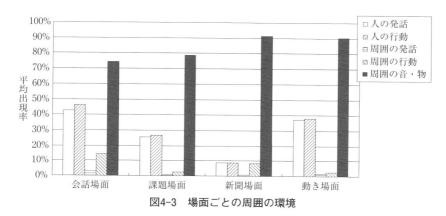

図4-3 場面ごとの周囲の環境

やすい特性を持っていることがうかがえる。さらに、図4-3に示した結果と併せて考えると、場面に関らず周囲で何か物が動いたり音がすると、トキコ氏はそちらに注意が向きやすいことは明らかである。このことは、トキコ氏が他者と会話している場面や何かの作業に取り組んでいるような場面であっても、関与者や周囲の人よりも周囲の音・物に注意が向きやすく、トキ子氏の注意の移ろいやすさを示すものと考えられる。

　こうしたトキ子氏の特性が性格的なものなのか、認知症による病的なものなのか、あるいは高齢者一般の特性なのかが今回の研究では判然としない。しかしながら、今回の結果から得られた注意の移ろいやすさは、GH職員が日々のケアで抱いているトキ子氏についての特徴的なイメージと全く重なるものであったため、高齢者一般の特性とは考えにくい。今後は、比較対象のための統制群を設けて比較を行う必要がある。

(2) トキ子氏の特徴にみる対人的自己の変容

　正しく比較ができたわけではないが、今回の結果とGH職員の話しから、トキ子氏は他の入居者よりも周囲の音や物に注意が向きやすい特性を有していると考えられる。こうした特性と、不穏になりやすく、落ち着きがなく、

徘徊することが多いという臨床的な特徴との関連は明らかではないが、全く無関係とも考えにくい。

　筆者の印象として、類似した特徴を示す障害に自閉症がある。自閉症児の場合にも、物についての固執があったり、物での遊びを好んだり、他者との相互交渉を避けるような傾向、視線があいにくい、多動である、他者よりも物を好む傾向にあると言う印象を持っている。そもそも自閉症とは、3歳以前に明らかとなる「対人的相互反応の質的障害」「コミュニケーションの質的障害」「行動、興味および活動の限定された、反復的で常同的な様式」で特徴づけられる発達障害である。今日では、共同注意の欠損（M. シグマン & C. カサリ 1995）や"自己－他者"関係の理解（別府 2001）障害が想定されている。K. A. ラブランド（1993）はナイサーの5種類の自己知識のうち、自閉症の場合は生態学的自己（Ecological Self）の障害はないものの、対人的自己（Interpersonal Self）に重篤な障害を受けているところに特徴があると仮説している。ここで言う U. ナイサー（1988）の対人的自己とは、「即時的で非反射的な他者との社会的相互交渉に関連した自己」と定義されるものである。また M. トマセロ（1999）も他者のことを意図を持つ主体と理解すること、他者の視点を内在化することが苦手なことを、自閉症児の共同注意と他者視点をとることの困難性についての仮説としている。

　P. ロッシャ（2007）によれば、対人的自己は動作的自己が形成された生後2ヶ月以降で9ヶ月までのところで成立し始めることを指摘している。この対人的自己の成立で重要なことの一つは、物と他者の区別であると思われる。物は人が働きかけたことでその状態を変化させることはあるが、お互いに注意を向けあったり、相互的なやりとりには発展しにくい。他者との対面が特徴的なのは、この注意の両方向性と相互性と考えられる。そしてこの両方向性や相互性は、対面した他者が何らかの出来事を起す存在であることの理解につながると M. トマセロ（1999）は指摘している。ただしこのような他者理解は、生後9ヶ月時点よりもずっと以前に成立している可能性が高いこと

第4章 対人的自己（Interpersonal Self）の発達と統合　111

も述べられている。むしろ、さらに高次な他者理解として他者が注意や意思決定力をもって、行動や知覚に関しての選択を行う存在、すなわち意図を持つ存在という他者理解ができるようになるのが生後9ヶ月までの段階であると説明している。そしてこれが共同注意行動の発達にみられる三項関係の成立の大きな背景になっていると指摘されている。

　トキ子氏の視覚的注意の特性だけをもって、認知症者に対人的自己の変容があると言うことはできないが、前頭側頭型認知症者では心の理論課題の失敗が多いことは既に指摘されている（池田、橋本2007）。認知症者の行動障害の背景に三項関係の成立の失敗があり、コミュニケーション不全の背景に対人的自己の障害があるということは、仮説としては成立しうると考えられる（図4-4）。今後は具体的な行動的な指標をもって、認知症のない高齢者や認知症の病型間の比較など、さらに詳細な研究が求められる。

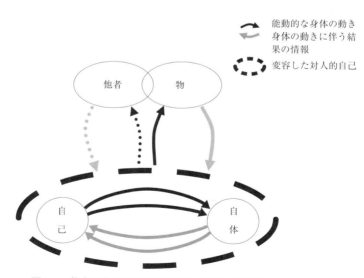

図4-4　他者や物との関係と変容した対人的自己

第2節　認知症者の笑いにみる対人的自己の変容

1　はじめに

　高齢者ケアにおいて「笑い」は極めて重要である。お年寄りの素敵な笑顔を見たくて、それに惹かれて高齢者ケアの仕事をしている人も珍しくない。介護の世界で三好（2005）は、笑顔こそ最良のコミュニケーションの手段であると同時に、コミュニケーションの目的である、とも述べている。そして「笑い」がどれだけあふれているかは、ケアがうまく提供されているかどうかを見極める一つの大きな手掛かりとなる。

　高齢者ではうつ病や神経症、認知症などによって感情面での病的な変化をする人も多く、そのことがケアを行う上での大きな問題ともなる（中里 1998）。中でも認知症は、「記憶力の減退」「認知能力の減退」の両者と「情緒的不安定性、易刺激性、無関心、社会的行動における粗雑さ」のうちのいずれかで特徴づけられる疾患群であり、一般的に多いとされる脳血管性やアルツハイマー型の認知症では、抑うつ、不安・焦燥、情動失禁、時に多幸的といった感情面での変化をすることが指摘されている（深津・中野 1998：一宮・新井 1998）。こうした感情的な変化が多く伴うことからも、「笑い」について理解を深めることは、認知症者についての理解を進め、ケアを行う上でも重要な視点を提供することができると考えられる。

2　問題と目的

　「笑い」と一言で言っても、その内容は多種多様である。爆笑、苦笑、嘲笑、思い出し笑い、作り笑いなど「笑い」は快の情動だけでなく人間関係や心理状態を複雑に反映している。表情分析の上において「微笑（smiling/smile）」や「哄笑（laughing/laughter）」は楽しみや喜びのしるしとみなされる

一方、悲しみの感情を抑制するために「微笑」が表出されたり、内気さの表出には見られず恥や照れには見られるものとして「微笑」があることが示されている（C. E. イザード、1991/1996）。そのため表情としての「哄笑」や「微笑」そのものに何か単一の意味が反映されているわけではなく、「笑い」を分析するためにはそれが表出される状況や前後の文脈を併せて検討することが必要となる。

　系統発生的に、「微笑」と「哄笑」は異なる進化系列にあると言われている。V. ホッフ（1972）によれば、遊び戯れ、相手を咬もうとする表情がやがて呼気、音声を伴って発展し、ヒト段階で「哄笑」となる。一方、下等哺乳類の段階では歯をむき出して唸る表情が、音声を伴う示威と伴わない示威に分化し、後者が歯をむき出す示威の表情となる。さらにこれが口を水平に開くものと、垂直に開くもの、ぱっくりと開けるものの三種に分化し、その中のぱっくり開けるものがヒト段階で「微笑」に発展する。しかしながら結局、人間では両者は関連しあい、収斂するようになっていく（香原 2000）。

　また個体発生的には、新生児微笑と呼ばれる「微笑」は出生後間もなくから観察されるが、断続的な呼気による声の表出を伴う「哄笑」はおよそ生後4ヶ月頃に出現する（L. A. スロウフェ & E. ワタース、1976）。C. E. イザード（1991/1996）によれば、「微笑」は生得的にプログラムされており、母子間の相互作用や愛着の促進に貢献している。また「哄笑」も対人的な感情の結びつきを育み社会性を発達させるとともに、喜びや興味と相互作用をして新しい体験や学習の機会を提供してくれることにもつながる。

　また運動学的に「微笑」は、もっとも単純なものでは顔面両側の大頬骨筋が収縮するのみで、純粋な社会的微笑の場合には眼輪筋の収縮を伴うことが多い（C. E. イザード、1991/1996）が、いずれにしても顔面筋の活動のみである。一方で「哄笑」には、咽頭部や口腔の形成（正高 1993）、呼気を一気に吐き出すための呼吸機能といった更に複雑な運動メカニズムが必要となる。

　このように「笑い」は「微笑」と「哄笑」に大別され、そこに「社会性」

や「情動」を見出して研究されることが多い。そして、乳幼児研究では「微笑」や「哄笑」を通じて情動や社会性の発達が多く扱われ、高齢者では「哄笑」を通じて情動の表出が主に取り扱われてきた（宇良・矢冨1997；高山・千田2003；白井・藤原・宮口・宮前2005）。高齢者の「笑い」についての心理学的な研究は必ずしも多くないが、矢冨・宇良・吉田・中谷・和気・野村（1996）の研究は認知症高齢者の「社会性としての笑い」を対象にした数少ないものの一つである。それによれば、おもちゃなどによって誘発される外発的な情動的笑いや面接者から話しかけられたときに誘発される受け身的な社会的笑いは認知能力が低下してもあまり減少しないが、ほめられる刺激に対する情動的笑いや発話中あるいは発話後に笑いかける内発的な社会的笑いは認知能力の低下に伴って減少することが示されている。そしてこうした社会的笑いの減少について社会的動機づけの側面から考察されている。しかしM. ルイス（2000a）によれば、相手からほめられるときに最もよく表出される情動が「照れ」であり、これは自己意識的情動に含まれる。自己意識的情動には他にも恥や羨望などが含まれ、遠藤（2008）はこれらの情動がコミュニケーション場面での適応的なふるまいを導きうる可能性を論じている。

　認知症者の「社会性」や「自己」についての報告は少なく、社会的対人行動の障害が前頭葉機能との関連で検討されたり（田邉2007）、心の理論課題の失敗と関連付けて検討したもの（池田・橋本2007、C.グレゴリーら2002）が散見されるが、まだ十分とは言えない。照れなどの社会的笑いには自己意識的情動が含まれ、そこには他者の視点からとらえられた「自己」の姿についての認知が含まれる。そこで本研究は、認知症者における他者の視点からとらえられた「自己」について、「笑い」を通して検討するものとする。

3　方　法

（1）調査方法と対象

　A県内にある認知症共同生活介護事業所（以下"GH"）3箇所で実施し、

被験者は言語的な意思疎通がある程度可能な方とした。ご家族に対して研究の目的と方法について文章で説明し、同意書による同意を得た上で、調査当日にご本人の了解が得られ、体調が良好であった方22名を調査対象者とした（内訳は表4-5に示す）。

表4-5　観察対象者の基本属性

対象者	性別	年齢	MMSE得点	日常生活自立度	要介護度	意思疎通の困難さ（1：あり、2：なし）	精神症状の有無（1：あり、2：なし）
A	女	87	21	1	2	2	2
B	女	86	5	2	3	2	2
C	女	66	3	2	1	1	1
D	女	97	23	1	2	2	2
E	女	93	15	2	1	2	2
F	女	75	21	2	2	2	1
G	女	81	17	2	1	2	1
H	女	95	25	2	2	2	2
I	女	89	14	2	1	2	2
J	女	89	18	2	2	2	2
K	女	77	9	2	2	1	1
L	男	85	9	2	1	2	2
M	女	83	8	3	4	1	2
N	女	81	4	3	4	2	1
O	女	70	14	3	4	2	2
P	女	96	13	3	4	1	2
Q	女	87	18	2	3	2	1
R	女	83	6	3	2	2	1
S	女	82	11	1	1	2	2
T	男	88	18	2	2	2	1
U	男	91	17	2	3	2	2
V	男	89	22	2	2	2	2
平均	—	84.9	14.1	2.1	2.2	—	—

また基本属性として MMSE (Mini-Mental State Examination)、日常生活自立度、要介護度、意思疎通の困難さの有無、徘徊や妄想などの精神症状の有無を調べた。MMSE は調査にあわせて各 GH の熟練した職員が検査を行った。MMSE は認知症のスクリーニング検査として国内外で広く用いられている簡易認知機能検査である。30点満点で、総合得点が20点以下の場合には、認知症、せん妄、統合失調症の可能性が高いとされる。日本版 MMSE では、認知症群と否認知症群のカットオフを23/24点と考えるのが妥当であるとされている（松田1998）。日常生活自立度と要介護度は入居時の判定である。なお日常生活自立度とは、要介護認定の調査の際に用いられる認知症高齢者の日常生活についての自立の判定基準で、大きく5段階があり数値が小さいほど自立的である（石倉2006）。要介護度は介護保険サービスを利用する際に認定されるもので、介護が必要となる時間的量に応じて8段階で判定される。数値が大きくなるほどより多くの介護が必要とみなされるため、一般的には障害が重度であると考えることができる。意思疎通の困難さは、言語的な意思の疎通が概ね良好な場合とかなり困難な場合の2つで判定した。精神症状の有無は、被害妄想や徘徊などで介護上の著しい困難を招く精神症状の有無について判定した。いずれも各 GH の熟練した職員が判定を行った。

　各被験者に対しては表4-6に記した手順に従って面接を行った。面接者は当該 GH で働いていない社会福祉士の資格を有する60歳代女性で、各被験者との面識はなく、認知症高齢者への対応にも習熟した者である。面接者は相手の発話や行動に対しては受容的かつ自然に振る舞うようにつとめた。面接は各被験者の居室で行い、面接者と被験者の行動は、被験者の斜め前と正面に置いた二台のビデオカメラで撮影を行った。撮影に際しては、被験者がカメラを意識しないようにカモフラージュを施した。

　調査期間は、X年6月20日、22日、29日、7月16日の4日間である。

　面接の時間は5～10分程度で、面接中には表4-6以外にも「あいさつ」や「お礼」などの日常生活上の社会的会話が含まれている。これらの刺激と提

表4-6 面接手順と内容

「 」に示す言葉や（ ）に示す行動は面接者が行うもの。

1. 面接開始のあいさつ：「こんにちは。今日はわざわざありがとうございます。（おじぎ）」
2. 自己紹介：「私は○○と言います。○○大学で今、福祉の勉強をしています。」
3. 名前を尋ねる：「お名前を教えていただけますか」（→「○○さんですね」）
4. 名前をほめる：「○○さんって、素敵なお名前ですね」
5. 服装、髪型、容姿をほめる：「○○さんのその服、素敵ですね。よくお似合いですよ。」
6. 体調を尋ねる：「○○さん、今日のご気分はよろしいですか」
7. 食欲を尋ねる：「○○さん、ご飯はおいしく召し上がられますか」
8. 刺身が好きか尋ねる：「○○さんは、お刺身はお好きですか」
9. おもちゃ刺激の提示についての質問：「○○さん、今日はおもしろいおもちゃを持ってきたんですけど、一緒に見てくださいませんか」
   - 9-1) クマのおもちゃ提示（すわったクマが太鼓を叩くおもちゃ）
     「○○さん、これはクマのおもちゃなんですけど…（机の上に置いて動かす）」
     被験者の反応に応じて、「どうですか」
   - 9-2) アヒルのおもちゃ提示（前に歩いてガーガーとかわいく鳴く）
     「○○さん、これはアヒルのおもちゃなんですけど…（机の上に置いて動かす）」
     被験者の反応に応じて、「どうですか」
   - 9-3) ピカチューのお面の提示
     「○○さん、これは今、子ども達にとても人気のある漫画に出てくるんですよ（お面を見せる）。」（お面をつけて）「○○さん、子ども達はこれでね『ピカチュ～』ってなんて言うんですよ（といいながらおどけてみせる）。」
     被験者の反応に応じて、「どうですか」
   - 9-4) ピカチューのお面を渡す
     「○○さん、かぶってみますか？」（と言いながら、お面を渡す。）
10. 絵や写真刺激の提示の説明：「○○さん、今度はね、きれいな絵や写真があるんですけど、一緒に見てくださいませんか」
    - 10-1) 着物の人形の切り絵のカード（赤い着物のかわいらしい切り絵）
      「○○さん、この絵は着物のお人形なんですけど…（15秒程度提示）」
    - 10-2) 小熊の絵カード（かわいらしい小熊の絵）
      「○○さん、これは小熊の絵なんですけど…（15秒程度提示）」
    - 10-3) 子どもの写真（かわいくおどける子どもの写真）
      「○○さん、これは私の知り合いの子どもの写真なんですけどね…（15秒程度提示）」
11. プレゼント：「○○さん、今日はこれで終わりですけど、おつき合いしていただいて、どうもありがとうございます。これはほんのお礼なんですけど（ハンカチをみせて）、どうぞ使ってください。プレゼントです。（差し出す）」
12. 面接終了のあいさつ：「（おじぎをしながら）○○さん、今日は本当にありがとうございました（手を握る）。」

示方法は、先行研究と予備調査において、認知症高齢者の笑いを誘発する効果が認められたものである。

（2）分析方法

分析対象としたのは面接中にビデオに録画された被験者の笑いで、その場面や状況ごとでの笑いの回数を計数した。判定は、面接者及び研究計画を理解している社会福祉学専攻の大学院生2名の計3名で行い、録画された面接場面を確認しながら協議し、判断が一致する判定とした。

1）笑いの判定

笑いの表情の判定に当たっては、頬の上昇、口角の斜め上外側への引上げ、眼輪筋の動きなど笑顔を作る顔面筋の動きが見えれば、笑いの表情とした。その中には、注意していなければ見逃すようなわずかな表情変化をするものから、口を大きく開けて体をのけぞらせるよう大きな笑いまでが含まれている。そして、中性的な表情から表情変化が起こり、一連の表情表出が終息するまでを一つの分析単位とした。

2）笑いを表出させる刺激による分類

まずは笑いを大きく以下の3つに分類した。すなわち、笑いが起こった場面の前後の文脈から、おもちゃや写真など何かしらの「物」を介在することによって誘発されたと認められる笑いを「物に誘発された笑い」とし、面接者との会話によって誘発されたと認められる笑いを「会話に誘発された笑い」、笑いの表出が物や会話に誘発されたと判断できない笑いを「外的刺激によらない笑い」とした。

さらに、表4-6の面接手順と手順に関連した場面で生じた笑いを、刺激や発話状況、視線などの言語的・非言語的なコミュニケーション行動の様子から、以下の8つの下位分類を行う。なお各笑いの名称は、笑いの状況を示す筆者ら独自のものとした。

3）物に誘発された笑い

①おもちゃへの笑い：おもちゃ刺激の提示についての質問、クマのおもちゃ提示、アヒルのおもちゃ提示、ピカチューのお面提示。
②可愛いものへの笑い：着物の人形の切り絵提示、小熊の絵カード提示、子どもの写真提示。
③おもちゃのやり取りに関する笑い：ピカチューのお面を渡す、プレゼントの手渡し。
4）会話に誘発された笑い
④ほめられることに伴う笑い：名前をほめる、服装をほめる、その他をほめる。
⑤あいさつに伴う笑い：面接者からの初めのあいさつ、面接者の自己紹介。
⑥質問の返答に伴う笑い：名前を尋ねる、体調を尋ねる、食欲を尋ねる、お刺身が好きか尋ねる。
⑦その他の会話に伴う笑い：面接終了のあいさつ、その他の言語的刺激。
5）外的刺激によらない笑い
⑧外的刺激によらない笑い：おもちゃに自発的に話しかけて笑う、被験者が面接者に話しかけている途中や後で笑う、被験者の快の感情にともなう発話の中で笑う、会話などの相互作用がない場面で笑う。

4 結　果

（1）笑いの表出状況

刺激別の笑いの表出回数を図4-5に示す。

　22人の被験者が表出した笑いの総数は438回で、一人あたり平均表出回数は19.9回であった。物に誘発された笑いは合計227回（51.8%）、会話に誘発された笑いは合計162回（37.0%）、外的刺激によらない笑いは合計49回（11.2%）であった。笑いの約半分は物に誘発された笑いで、外的刺激によらない笑いは1割ほどである。

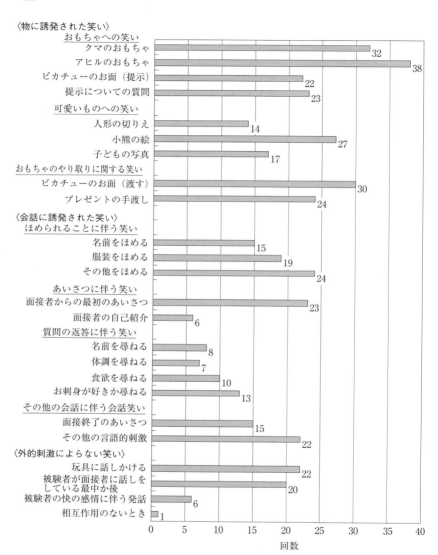

図4-5 刺激別の笑いの表出回数

（2）MMSE 得点と笑いの表出

　MMSE 得点と笑いについての 8 つの下位分類での笑いの表出回数、および「物に誘発された笑いの総数」「会話に誘発された笑いの総数」「笑いの表出総数」について相関分析を行った結果を表4-7に示す。その結果、ほめられることに伴う笑いが相関係数0.424（$p<.05$）で有意差を認め、可愛いものへの笑い（0.317, $p<.10$）と物に誘発された笑いの総数（0.376, $p<.10$）で有意傾向を認めた。

（3）会話に誘発された笑いと MMSE 得点

　表4-7に示した相関分析の結果から、ほめられることに伴う笑いについてさらに詳細な検討を行うために、MMSE 得点の10点未満と10点以上の 2 群に分けて分散分析を行った。その結果、5 ％水準で有意差（$F(1,20)=4.53$）を認め、MMSE 得点が10点未満の者は10点以上の者に比べてほめられることに伴う笑いが少ないという結果が得られた（図4-6）。また改めて、他の会話に誘発された笑いについても MMSE 得点の10点以上と10点未満の 2 群で分散分析を行ったが、差は認められなかった。

表4-7　MMSE 得点と笑いの表出回数についての相関分析結果

	相関係数	
おもちゃへの笑い	0.246	
可愛いものへの笑い	0.317	（$p<.10$）
おもちゃのやり取りに関する笑い	0.326	
物に誘発された笑いの総数	0.376	（$p<.10$）
ほめられることに伴う笑い	0.424	（$p<.05$）
あいさつに伴う笑い	−0.131	
質問の返答に伴う笑い	−0.133	
その他の会話に伴う笑い	0.105	
会話に誘発された笑いの総数	0.143	
外的刺激によらない笑い	−0.026	
笑いの表出総数	0.215	

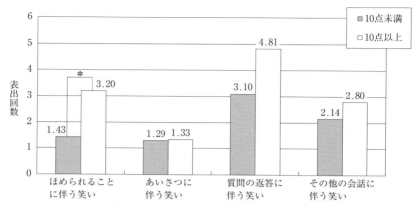

図4-6 会話に誘発された笑いの平均表出回数とMMSE得点
（グラフ中の数値は平均表出回数. *$p<.05$）

（4）物に誘発された笑いとMMSE得点

物に誘発された笑いは3つとも、MMSE得点との相関係数が会話に誘発された笑いに比べて全体にやや高くなっている（図4-7）。そこで会話に誘発された笑いと同様に、被験者をMMSE得点が10点未満と10点以上の2群に

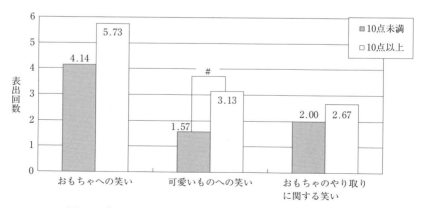

図4-7 物に誘発された笑いの平均表出回数とMMSE得点
（グラフ中の数値は平均表出回数. #$p<.10$）

第4章 対人的自己（Interpersonal Self）の発達と統合   123

わけて分散分析を行った（図4-7）。その結果、可愛いものへの笑いについて有意傾向（$F(1,20)=3.67, p<.10$）が認められ、MMSE得点が10点未満の者は10点以上の者に比べて可愛いものへの笑いが少なくなる傾向が認められた。しかしそれ以外の物に誘発された笑いについて差は認められなかった。

（5）刺激の種別による笑いの総数とMMSE得点

物に誘発された笑い、会話に誘発された笑い、外的刺激によらない笑い、および笑いの総数のそれぞれについて、MMSE得点の10点未満と10点以下の2群で分散分析を行った結果、物に誘発された笑いについて有意傾向（$F(1,20)=3.54, p<.10$）が認められた（図4-8）。

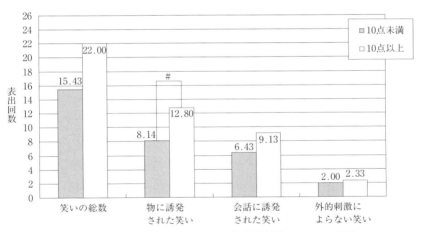

図4-8　刺激の種別による笑いの平均表出回数とMMSE得点
（グラフ中の数値は平均表出回数．#$p<.10$）

5　考　察

（1）笑いの表出状況

今回の調査では笑いの平均表出回数は19.9回であり、面接時間に個人差はあるが概ね1分間に2回以上は笑っていることになる。ただしこの回数は個

人差が大きく、面接時間中に最も多い人は36回の笑いの表出があり、30回以上の人は合計3人であった。一方、笑いが最も少ない人は面接中に2回笑っただけであり、5回以下の人が合計4人であった。この笑いの多かった人と少なかった人の性別やMMSE得点、要介護度、意思疎通の困難さ、精神症状の有無、などに共通した特徴はみられなかった。当日の体調の問題なのか、元来の個人差なのかについて、今回の調査では確認できなかった。

ただしC. E. イザード（1991/1996）は、「微笑」にも「哄笑」にも出生後の早い時期から大きな個人差があることを紹介しており、喜びを引き起こす閾値にある程度遺伝的な影響があることを述べている。そうした遺伝の影響や今回の結果から考えて、「笑い」を研究や援助の対象とする場合には、その表出には大きな個人差が一生涯を通じて存在する可能性があることを念頭におく必要がある。

（2）会話に誘発された笑い

会話に誘発された笑いは、今回の調査では他者との言語的相互作用に誘発されるものを分類した。あいさつに伴う笑いや質問の返答に伴う笑い、その他の会話に伴う笑いに有意差は認められず、先行研究（矢冨ら1996）においてもあいさつなど受け身的な社会的笑いはMMSE得点との間に関連は認められていない。認知症者があいさつなどの形式的・儀礼的な部分がかなり長く保たれることは以前から一般的に知られている。こうしたことを反映するエピソードとして、遠方からたまにやってくる親族と話すくらいでは認知症と気づかれないために、日常の家庭介護をしているお嫁さんが「お母さんは全然ボケてないじゃないの」などと責められるという話は、以前はよく語られていたものである。今回の結果も、あいさつや尋ねられたことへの返答、その他の会話の中での笑いに差がなかったことから、こうした特性や先行研究の結果を裏付けるものとなった。

一方で比較的はっきりした差が認められたのが、ほめられることに伴う笑

いであった。今回の調査では、名前や服装、髪型などをほめるという刺激によって生じた笑いであり、これはいわゆる「照れ」笑いと考えることができる。「照れ」は他者からの眼差しでとらえた自己の評価から生じる「自己意識的情動」と考えられる。M. ルイス（2000b）によれば自己意識的情動は、自己参照行動あるいは自己意識の発現が基盤となって1歳半頃にあらわれるようになる情動で、「照れ」は自己認識と関連して生後9-24ヶ月で出現すると述べられている。

矢冨ら（1996）の研究でも、認知症が進行するにしたがってほめられる刺激による笑いが減少することは認められているが、それをほめられるという言語的刺激についての理解力の問題として考察している。だが「言語的刺激についての理解力」の問題であるとするならば、他の「質問の返答に伴う笑い」や「他の会話に伴う笑い」でも差があるべきである。それが「ほめられることに伴う笑い」のみに差が見られたことは、M. ルイス（2000b）の述べる「自己意識」あるいは「自己参照行動」の差と考える方が妥当であり、認知症の進行が自己意識的情動に少なからぬ混乱を招いていると考えることができる。遠藤（2008）は自己意識的情動の経験と養育者からの配慮された働きかけが、子どもの情動的知性や社会的知性を発達させていくと論じている。この影響を認知症者に置き換えて考えれば、自己意識的情動の混乱だけでコミュニケーション行動の障害が説明されるわけではないものの、大きな影響を与えていることも十分に想定される。

今回、「ほめられることに伴う笑い」が0回であった人は2名であったが、この両名ともに被害妄想や徘徊などの行動上の障害が認められ、表出が1回であった3名のうち同様の行動上の障害が認められたのは1名であった。一方、「ほめられることに伴う笑い」が6回以上と比較的多い人が4名であり、そのうち行動上の障害が認められたのは2名であった。このことだけでは、行動上の障害と自己意識（あるいは自己参照行動）との関連は明らかではないが、今後さらに慎重な検討を行う必要がある。

（3）物に誘発された笑い

物に誘発された笑いは、刺激となる対象物そのものに笑いを誘発する要因が含まれるものと思われる。おもちゃへの笑いはおもちゃそのものの滑稽さに誘発されたものであり、直接的で理解しやすい笑いである。今回の調査では、可愛いものへの笑いがMMSE得点の10点以上の場合と10点未満の場合とで有意傾向が認められた。先行研究（矢冨ら1996）によれば、写真などの刺激よりもおもちゃなどの実体的で動きのある刺激特性が笑いを誘発しやすいと述べている。この可愛いものへの笑いでわずかながら差が見られたということは、知的な理解力に影響を受けやすいのか、あるいは対象物に対する親和性や興味、小さいものに対するいたわりや愛情、自らの中にある何かしらの余裕さなど、どのような要因が関連するのかは明らかにすることはできなかった。今後の検討課題の一つである。

（4）刺激の種別による笑いの表出について

刺激の種別による笑いについては、物に誘発された笑いについてのみわずかに差が認められた。物に誘発された笑いは、そこに含まれたおもちゃへの笑いと可愛いものへの笑いは快の情動を示す笑いと考えることができるが、おもちゃのやり取りに関する笑いは社会性を反映している部分もあると考えられるので、単純ではない。さらに詳細な検討を要する部分である。

臨床的には、認知症が進行してくると笑顔の表出が全体的に少なくなるという実感がある。援助の上では「笑い」の誘発や提供が、対人関係の維持や構築、他者からの援助の誘発などに有効であると考えられており（高山・千田2003；白井・藤原ら2005）、こうした援助としての「笑い」についても今後はさらに検討を進めていく事も必要である。

（5）社会的笑いと対人的自己

M.ルイス（2000b）が述べているように、自己意識的情動は自己参照行動

あるいは自己意識の発現が基盤となって1歳半頃にあらわれ、その中でも「照れ」は生後9-24ヶ月で出現する。「照れ」を他者からとらえられる自己の姿についての認知にもとづく自己参照的行動と考えれば、これはP.ロッシャ（2001、2007）の述べる対人的自己と同様であり、その発現時期も一致する。「照れ」笑いが対人的自己の状態を現すものであれば、重度の認知症者の照れ笑いが減少するという今回の結果は、認知症者の対人的自己のゆがみを現していると言うことができる（図4-9）。

ただ、認知症は基本的には記憶力と認知能力の減退が主症状であり、社会性の障害は必ずしも含まれない。ここに、今回の研究結果と診断上の特徴との食い違いがある。前頭側頭型認知症は社会性の障害が強く見られることが特徴的であるが、本調査の被験者ではそこまで詳細な診断を受けている者がいなかったため、詳細な検討ができなかった。また、社会性の障害は意思疎通の困難さや精神症状の有無と関連すると予想されるが、今回の調査ではそ

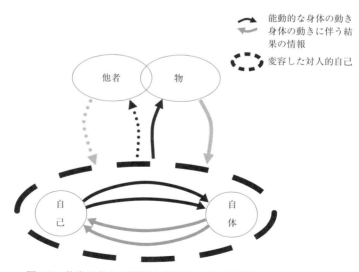

図4-9　他者や物との関係と変容した対人的自己

れらと照れ笑いの関係は認められなかった。意思疎通の困難さや精神症状の有無をGH職員の判断で判定した点や、「有る・無し」という二分法で判定した点に、詳細な検討を困難にさせた要因があると思われる。

自閉症にはかつて言語認知障害説を中心に語られた時期があり、その後、社会性の障害へとパラダイムシフトが生じた。認知症においても単なる記憶・認知障害だけにとどまらない社会性の障害、あるいは自己一他者理解についての障害という視点も必要ではないかと考える。それを検討するうえでも、認知症者の対人的自己について「照れ笑い」を通じた検討ができる可能性が示唆された点で、これまでにない認知症者の社会性や自己一他者理解の障害に迫ることのできる研究方法になり得ることが確認されたことの意味は大きい。今後は、統制群の設定や詳細な診断を行った上で、認知症者の自己一他者理解についてさらに検討していく必要がある。

第3節　自閉症児と関与者の相互的対人行動について

1　問題と目的

DSM-Ⅳによれば、自閉症の診断基準として、①対人的相互反応における質的障害、②意志伝達の質的障害、③行動、興味および活動の明らかな制約、反復的で常同的な儀式の存在、が挙げられている。この症候群の中核的部分については、原因論も含めて様々な議論がなされてきている。別府（2001）はその原因論の変遷について、①Kannerによる自閉症概念の提出、②言語・認知障害説、③Kannerへの回帰、の3期に分類した上で、社会性障害が言語・認知障害から必然的に発生しないことや、社会情緒的手がかりの処理が必要な行動に自閉症特有の問題が見られること、更には認知障害がかなり改善されても、その社会性障害は残存することなどを根拠に、社会性障害を一次的障害ととらえる立場が、1980年代以降には主流になっていることを

示している。そして更に、そうした社会性障害を、他者と関わりたくないというような動機的側面や力動的把握ではなく、他者の心的世界や社会的状況の認知が困難であるがゆえに、他者と関われない、不適切な行動をとる、と仮説した上でのアプローチが必要であると述べている。

こうした立場も反映しながら、自閉症児とのコミュニケーションを豊かにとることを目的としたアプローチが、遊びを通して行われることも多い。浦崎 (2000) は、トランポリンを使った感覚的刺激から始まり、描画による遊びの共有を通し、さらに身体を使ったやり取り遊びや情動の共有まで可能になったケースを報告している。また伊藤 (2002) も、揺さぶり遊びやくすぐり遊びなど、快の情動を子どもと大人が共有、交流する「情動的交流遊び」によって、コミュニケーション行動が発達した事例を紹介している。このように、遊びを通じて自閉症児の社会性の障害にアプローチし、他者との相互関係や自分の気持ちの表現、他者の気持ちの理解の促進を図っていこうとする取り組みが行われている。

しかし、自閉症の障害の中核が社会性の障害、換言すれば「人とうまく関係を持てない」ことであるために、関与者が何とか子どもと関係を作ろうと努力しても、その努力はむなしく、一緒に何かをして遊ぶといったことが成立しないまま時が流れていってしまう、ということが発生する。自閉症児との臨床において、筆者自身このような体験をすることは多い。「人とうまく関係を持てない」ことを主訴とするケースの場合、遊びを通じて「関係を持てる」ようにしていくことが臨床的関わりの最初の目標となる。では、遊びの中で具体的にどのような関わり方をすることが、「関係を持てる」ようになるために必要であるかを検討することは、特に、自閉症児への関わりの初心者にとっては重要な問題である。

そこで本研究においては、ある自閉症児との遊び場面で、関与者と子どもが「関係を持って」遊ぶための関与者の関わり方や態度について検討を行う。その際、自閉症児との関わりの経験の少ない初心者と熟練者の行動を比較す

ることで、両者の違いを明らかにし、「関係を持って」遊ぶために関与者が行うべきことについて考察を行うものである。

2 調査方法

（1）調査対象

N大学内で月1回実施されている自閉症児デイサービス（以下「Dクラブ」）に参加するA児（7歳男児）との遊びや支援を担当する担当者B氏（自閉症児との関わり経験の少ない初心者。21歳女子学生）とC氏（自閉症児との関わり経験の豊かな熟練者。29歳男性大学教員）。

（2）調査期間と調査場面

2003年の9月と10月のDクラブ実施場面で調査を行った。プログラムはいずれも、公園内での遊具を使った自由遊びである。両場面とも、公園内の砂場が主な調査場面となった。なお、9月の担当者がB氏、10月の担当者がC氏である。

（3）記録と分析

A児とB氏あるいはC氏が遊んでいる場面をそれぞれ1台のビデオカメラにて録画する。録画した画面内に、A児と担当者の両者がいずれも写り続けている任意の10分間を分析対象時間とした。その10分間のA児と担当者の行動について自由記述式に記録した後、得られた全行動を宍戸ら（1995）の行動分析基準（表4-8、表4-9）を元に分類し、数量的処理を行った。この対人行動についての分析基準は、人との関わりの行動を「子どもから他者への働きかけ行動」と「他者から子どもへの働きかけに対する行動」に二分し、それぞれの構造と質的深まりについて検討することが可能である。

表4-8 関与者への働きかけの行動

行動型	下位行動型	行動内容
Ⅰ 孤立	孤立行動	○何もせずぼんやりしている。ぼんやりと窓の外を見ている
		○特有な表情・動作を示す（指しゃぶり、チック的動作）
	単独行動	○ぶらぶらしている
		○一人遊びをしている（独語が伴うものも含む）
Ⅱ 傍観	傍観行動	○周囲の人や出来事を見回す、ぼんやり見ている
	注目行動	○周囲の人や出来事に注視・注目する
Ⅲ 接近	並列行動	○他者のそばに行って一人遊びをする
		○並行遊びをしている：他者の傍で同じ形態の遊びを行っている場合で、相互作用が判然とは認められない場合
		○一つのものの順番を待っている（滑り台の順番を待ってすべる）
	接近行動	○他者に近寄る、あるいはその周囲をうろつく
		○相手の興味を引くかのように振舞う
Ⅳ 接触	同調行動	○同調・模倣する
		○他者の行動やその場の状況に合わせた行動をとる
		○他者のやり始めた行動を見て、同じ行動をする
		○その場の雰囲気に酔う
		○他者に着いていく
	接触行動1	○相手の表情：笑いかける、イーをするなど
		○提示：物を向ける、ぶつける、見せるなど
		○自己顕示：他者の注目を引くために大きな声を出したりする
	接触行動2	○他者と直接かかわりをもつが、持続的相互作用までは発展しない行動
		○手招きする、言葉をかける、慰める
		○物を渡す、配る、奪う、分け与える
		○相手の身体・持ち物に触れる、押す、ひっぱる、しがみつく、抱く、けとばす、手をつなぐ、つつくなど
		○相手の遊びを邪魔する、非難する、悪口を言う、告げ口をする
		○許可・承認を求める、質問する、事情を訴える、説明する、注意する

表4-9　関与者からの働きかけに対する行動

行動型	下位行動型	行動内容
Ⅰ　受容	受容行動	○受容的応答（受容的表情・表現）
		○相手の要求に好意的に応じる、受け入れる、指示に従う
		○他者からの援助を好意的に受ける
		○働きかけに対して喜びの表情・表現をする
		○質問に率直に答える（肯定否定の表情表現を含む）
	従属行動	○譲歩・従属
		○成り行きに任せる、なすがままにされる
Ⅱ　中性的反応	傍観行動1	○傍観・注目・注視
		○注意を向ける
	無反応	○無理解・無関心
		○具体的応答反応が判然としない
	傍観行動2	○拒否的傍観・注目・注視
		○拒否的に注意を向ける
Ⅲ　拒否	回避行動	○待避：うずくまる、身体をこわばらせる
		○回避・逃避：後ずさりする、手を引っ込める、物陰に隠れる
		○固執：遊具を放すまいとする、動くまいとする
	拒否行動	○拒否的反応（拒否的表情・表現）
		○ふくれっ面をする、泣きわめく、不平をいう
		○抵抗・排斥
		○嫌だと答える、払いのける、追い払う

3　結　果

（1）全般的特徴

　まずA児からB氏への行動についてみると（図4-10）、「Ⅰ孤立」内の単独行動が22回（37.3％）を占めている。続いて「Ⅳ接触」内の接触行動2が12回（20.3％）を占めている。次に「Ⅱ傍観」内の注目行動が11回（18.6％）と3番目に来ている。その他は0～4回以内に収まっているこの結果を見るとA児の行動は「Ⅰ孤立」が半分近くを占めていることが分かる。

第4章 対人的自己（Interpersonal Self）の発達と統合　133

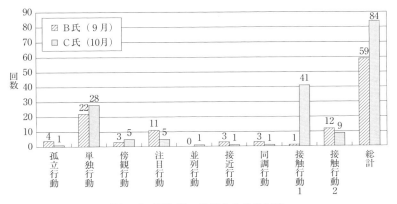

図4-10　関与者への働きかけの行動

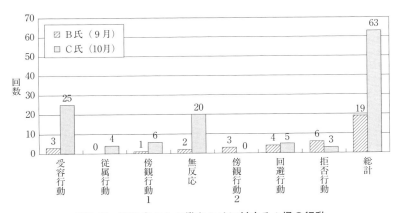

図4-11　関与者からの働きかけに対するA児の行動

またA児からC氏への行動を見ると（図4-10）、「Ⅳ接触」内の接触行動1が41回（48.8％）と圧倒的に多く、続いて「Ⅰ孤立」内の単独行動が28回（33.3％）、「Ⅱ接触」内の接触行動2が9回（10.7％）となっている。それ以外は1回（1.2％）から5回（6.0％）に収まっている。

次にB氏からA児への働きかけに対する行動をみると（図4-11）、まず総数

が19回と少なく、その中でも「Ⅲ拒否」の拒否行動が6回（31.6%）、回避行動が4回（21.1%）と圧倒的に多くなっている。

またC氏からの働きかけに対するA児の行動をみると（図4-11）、C氏に対しては総数が63回でB氏との場合に比べて圧倒的に多く、内容的にも「Ⅰ受容」の受容的行動が25回（39.7%）、「Ⅱ中性的行動」の無反応が20回（31.7%）となっている。

（2） B氏とC氏との比較

担当者への働きかけの行動においては、総計がB氏の場合59回、C氏の場合84回と、A児からC氏に対する働きかけが多く見られた。下位行動別に見ると、「単独行動」はB氏とC氏であまり差は見られないが、「注目行動」がB氏にやや多く、B氏との場合はC氏との場合に比べじっと周りを見ていることがやや多いことがわかる。そして最も差が現れているのは「Ⅳ接触」である。「接触行動1」についてC氏が圧倒的に多く、41回（48.8%）である。「接触行動2」については、B氏の方が割合的にはやや多く12回（20.3%）であるが、絶対数としてはC氏の9回（10.7%）とさほど変わらない。ここで見られる接触行動1は主に、A児から担当者に砂をかける行動となっている。接触行動2は、相手の身体を押したり触れる行動が主である。これはA児がC氏に対して砂をかけることを多く行っていたことを示しており、B氏に対しては押したりする行動が多かったことを示している。

担当者から働きかけたことに対するA児の行動としては、B氏に比べC氏の方が「受容行動」と「無反応」が圧倒的に多い。「拒否行動」については、C氏よりもB氏の方がやや多い。そして何よりもその総数において、C氏がB氏を圧倒的に上回っている。このことは、A児がC氏に対してはより多くの行動を行っていることを示しており、このことは、C氏がA児に対して積極的に色々と働きかけ、A児からは「無反応」な応答も多いが、「受容行動」も多いことがわかる。それに対しB氏は働きかけも少ないために、A児から

第 4 章　対人的自己（Interpersonal Self）の発達と統合　135

の応答も少なくなっていることがうかがえる。

4　考　察

（1）「単独行動」にみられる特徴

　B氏の場合もC氏の場合も、A児が一人遊びをしている場面は多く見られた。C氏のほうが28回とやや多いが、これは一回あたりの時間の長さに違いがある。B氏の場合は、A児を見ている時間が長く、その結果、児が一人遊びをしている時間が長くなり、単独行動の分析上の回数はやや少なくなっている。一方C氏は、関わろうと色々な事を投げかけており、遊びが断続的に中断するために回数的にはB氏の場合よりも多くなっている。こうしたことから、今後は回数だけでなく、時間的な分析も行う必要がある。

（2）「接触行動1」と「受容行動」にみられる特徴

　「接触行動1」においてB氏が1回に対して、C氏は41回と顕著な差が出ている。
　これにA児の遊びの特性がよく現れている。両方のいずれの場合も、撮影は砂場遊び場面であった。そのためA児がC氏に砂をかけている場面が多く見られた。そして、砂をかけられながらC氏はそれを嫌がることなく、むしろ楽しみながら、またA児に同じように砂をかけたりしていた。そうしている時にA児はいつも笑顔であった。それに対してB氏との場面では、児がB氏の足に砂をかける場面が何度か見うけられたが、B氏は「ダメダメ」と言うばかりであった。また、その他の場面でもA児の働きかけに対して応答していなかったし、気付いていないようにも見受けられた。
　「受容行動」ではB氏が3回とC氏が25回と顕著な差がある。接触行動1と同様にA児がC氏に砂をかけることが多かった。それに反応したC氏はA児にまた砂をかけ返しているところが多く見られた。そしてA児は、それを嫌がらずにまた砂をかける。このC氏に砂をかけたり、かけられたりする場

面が多かったので、このＡ児の「接触行動１」と「受容行動」が連動して大きな差が出た。

（３）「無反応」にみられる特徴

　Ｂ氏に対してが２回とＣ氏に対してが20回と顕著な差が出ている。Ｂ氏が働きかけてもそれにＡ児が反応を示してこないことを示している。この無反応の差の原因であるが、Ｂ氏はＡ児に働きかけはするものの、Ａ児が無反応であった時にそこで働きかけが終わってしまっている場面が多くみられた。それに対しＣ氏は、Ａ児が無反応であった時にそこで終わらずに別の違うこと働きかけている場面が多く見てとれた。つまり、Ｃ氏は子どもに関わり続けようとして、Ａ児に次々と色々な働きかけをしている。そのため、働きかけが多い分、Ａ児の無反応の回数が増えていると考えられる。

（４）「傍観行動２」と「拒否行動」にみられる特徴

　「傍観行動２」ではＢ氏が３回でＣ氏が０回と児の行動に差が生じている。これは先に挙げたようにＢ氏の場面では児に「ダメダメ」と言うことが多く、Ａ児もＢ氏を拒否的に見ることがあったと考える。それに対し、Ｃ氏はＡ児がほとんど笑顔であったところからもわかるように、Ａ児が働きかけたら必ず何らかの応答している。そのことからＣ氏が働きかけても、そのことによってＡ児がＣ氏を拒否的に見ることがなかったといえる。

（５）関与者からの働きかけに対する応答の総計にみられる特徴

　Ｂ氏が19回とＣ氏が63回と特徴が見られた。これは担当者が働きかけたときのＡ児の応答の数なので、回数を見た場合には、担当者がＡ児にどれだけ働きかけたかが反映される。すると、数値だけで言うとＣ氏はＡ児への働きかけがＢ氏に比べて圧倒的に多いことがわかる。単純に計算すると、Ｂ氏は30秒に一回、Ｃ氏は10秒に一回のペースで働きかけていることになる。

これを反映しているのが一人遊び（単独行動）での回数と時間の長さと考えられる。B氏の方は単独行動の回数はC氏よりわずかに少ないものの、時間はC氏よりも長くなっている。同様に、C氏の方では回数はB氏より多いものの、時間が短く、多くの働きかけによってA児の行動が細切れにされ、児が一人になる時間を作らないようにしている。これは自閉症児に関わるときの、担当者の考え方の違いが反映されている。つまり子どもと関わりを持とうとする場合に、「次に何をしようか」などではなく、「次はこれを試してみよう、何が好きなのかな？」といった考え方を持って、より多く働きかけることが、関与者に対する子どもの応答を増やすことにつながると言える。

5 自閉症児における対人的自己の発達と統合

（1）自閉症児における対人的自己の発達

K. A. ラブランド（1993）は、自閉症児が U. ナイサー（1988）の述べる対人的自己に重篤な障害があるところに、本質的な特徴があると仮説している。生態学的自己、すなわち環境との関係で知覚される自己については障害はないものの、他者を意図のある存在として理解したり、他者の視点から自分をとらえるというような他者の心的世界の理解に関する部分に障害を持っているという。P. ロッシャ（2001、2007）は、生態学的自己とほぼ同じ時期に獲得される「身体的自己」と、対人的自己の前、生後2ヶ月頃までに獲得が始まる「動作的自己」を想定している。身体的自己は、環境の中における自分自身や自分の身体についての情報から獲得される「自己」であり、生態学的自己と明確に区別はしにくい。こうしたことから考えると、恐らくは、外界のモノ（他者や物）に働きかけることのできる動作的自己が獲得された後、その意図的な働きかけが他者にうまく向かわないために、対人的自己がうまく獲得されないのではないかと考えられる。

　物理的な存在としての物と、意図を持つ存在としての他者の違いの一つは、自分が注意を向けた対象が自分にも注意を向けてくるという注意の相互性

(現実的には見つめあうという行為になる)であり、もう一つは自分が何か働きかけたことに対して物理的な反応とは異なる応答が即時的に生じるという、即時的な相互的行為である。意図を持って周囲のモノに働きかけることができるようになった乳児が、物理的な物とは異なる、この二つの特性を有した存在を、「他者」と理解できるようになることが対人的自己の源泉と考えられる。自閉症児は、何らかの理由によって二つの特性を備えた存在についての理解がうまくできない可能性が考えられる。

(2) 対人的自己の統合に向けたアプローチ

今回の遊びについての分析結果から、次のことがまとめとして言える。すなわち、①児に対して様々な働きかけを行い、関与者から関わりの糸口を積極的に探っていく、②児が働きかけてくる遊びや物事には積極的に応答する、

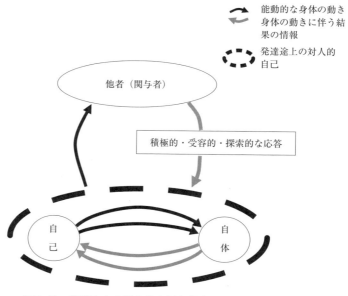

図4-12　発達途上の対人的自己と他者の応答

③児からの働きかけには受容的に応答していく。A児と遊びが持続して展開しているときの働きかけの特徴は、このようにまとめることができる（図4-12）。

　自閉症児の対人的自己の発達に障害があり、注意の相互性や即時的な相互的行為によって他者と物の区別がうまく獲得されていないとするならば、これらの関わり方の特徴は、他者と物との違いの特性をうまく反映している。すなわち①の場合は、他者から自分に向けられた積極的な関心であり、働きかける側から始発するものではあるが、注意の相互性の開始点となるものである。②は、即時的な相互的行為である。A児からの働きかけにすぐに応答し、単なる物理的な物の反応とは違う応答をしていくことそのものである。③も即時的な相互的行為ではあるが、さらに愛着関係にも展開していく受容的態度が加味されている点が特徴的である。

　今回のC氏の関わり方が、全ての自閉症児への働きかけの方法として有効かどうかは今回の調査では確認することができなかった。しかしながら、A児はDクラブの子どもの中では、関係性を結ぶのが最も困難なケースの一人であった。その難しい子と一緒に遊べるための関わり方は、他の自閉症児との関わりにも参考になることは多いはずである。今回明らかになった関わり方の方略は、自閉症児の対人的自己の発達を促していくことに貢献する可能性が示唆された。

　今後はまず第一に、自閉症児の対人的自己の特徴が、果たして本当に動作的自己から対人的自己へと発達する段階にあるのか、それが物と他者との特性の違いについての理解の獲得がうまくできないことに関係しているのかどうか、実験的に検討して行くことが望まれる。

第4節　対人的自己の発達と統合に向けた援助

1　自閉症における対人的自己の障害

　生後6ヶ月頃の乳児は、物体をつかんだり操作したりはするが、それはその物体の動きや自分がその物を操作することについて楽しんでいるようであり、それは二項関係的である。同様に、他者と情動を表出しあうやりとりも行うが、それは第一次間主観性の中でのやりとりであり、この関わりもまた二項関係的である。この時点では、物体を操作しているときに近くに人がいてもそれは眼に入っていないかのように無視することが多く、人と関わりあっているときに近くに物体があってもやはりそれを人と一緒に注意を向けることは困難である。しかし生後9ヶ月を越えるころから、乳児にとっての世界はそれまでの二項関係的なものから三項的なものとなる（M.トマセロ 1999）。この時期に乳児は、大人の見ているところを見たり（視線追従）、物体に対して大人がしているのと同じような働きかけをしたり（模倣）、大人からの求めに応じて物体を示したり手渡したり（応答の提示・手渡し）し始め、外界に存在する物に対する大人の注意と行動に同調し始める（大神 2008）。

　さらにこれとほぼ同じ時期に、物体を持って自発的に提示して見せたり（自発的提示・手渡し）、情報・援助・モノを要求するための身振りとしての指さし（要求の指さし）、子どもが興味をもった物を大人に伝えようとしてする自発的で共感を求めるような指さし（叙述の指さし産出）も始めるようになり、外界に存在する物に対して能動的に大人の注意や行動を操作しようとし始める。これらは明らかに三項関係であり、特に自発的提示や叙述の指さし産出などは大人に何かをさせようとする指示的なものではなく、純粋に大人の注意を向けさせようとするものであり、大人との注意を共有したいと願ってい

るようでもある。

　大神（2008）がある地域の全乳幼児を対象に経年的に行ったコホート調査では、調査対象児が小学校入学をする段階で診断が確定したことで、乳幼児期での共同注意行動の発達との関係について後方視的に検討が行われた。それによれば、定型発達群（$n=1,388$）と自閉症群（$n=10$）の生後18ヶ月段階での共同注意行動の項目通過率を検討したところ、自閉症群は全員が視線追従や提示・手渡し、要求の指さしの段階で通過率が低下しており、叙述の指さし産出については全員が通過をしていなかったことが判明した。

　このように共同注意行動の中でも、特に大人の注意を対象物に向けさせよう、あるいは大人との注意を共有したいと願うような行動の出現が、定型発達児と自閉症児の決定的な違いとして確認されている。このことはつまり、他者のことを意図をもつ主体と理解することが苦手なことが自閉症の困難性として指摘するM.トマセロ（1999）の仮説を裏付けるものであり、またK. A. ラブランド（1993）の対人的自己の重篤な障害があることが自閉症の大きな特徴であるという仮説をも支持していると考えることができる。

2　自閉症における対人的自己の発達について

　自閉症では対人的自己における発達上の障害があることが大きな特徴と考えられる。自閉症児への臨床的援助には、この対人的自己の発達をうながしていく取り組みが求められる。

　今回の調査では、自閉症児（A児）との自由遊び場面でのやりとりにおいて、①児に対して様々な働きかけを行い、関与者から関わりの糸口を積極的に探っていく、②児が働きかけてくる遊びや物事には積極的に応答する、③児からの働きかけには受容的に応答していく、という働きかけのあり方が持続的で相互的な遊びが展開しているときの特徴であった。そしてこれらの関わり方が、二者間の注意の相互性や、即時的な相互的行為が有効に機能した関わり方であり、しかも愛着関係にも展開していく受容的態度でもあるとも

考えられる。

　対人的自己の統合には、「物」とは違う意図を持った存在としての他者が、互いに注意を向けあいながら、相手の働きかけや様子に応じた即時的な相互的行為を伝え合うような関わりが必要になると思われる。そうした関わりは、言語的な意思疎通が十分に可能な者同士であれば、言語的なものであっても構わない。しかし、本章で報告したような自閉症児では、言語だけでは十分な意思疎通がなし得ない。

　徳永（2009）は、共同注意関連行動が芽生える過程で、子どもと物と大人が混沌とした世界から他者意図を理解するまでの7つの段階を示している。生後2ヶ月を過ぎた頃から、自分以外の他者の出来事と物が融合したまとまりが分化しはじめ、物とは異なる他者である大人を区別する段階となる。ここで、動作や表情の変化を伴う魅力的な刺激としての他者が、注意や興味の主たる対象となる段階になると考えられている。ここでは、他者が物と区別されるために、魅力的な刺激としての他者となることの重要性が指摘されている。その魅力は、クライエントの年齢や認知的な特性、好みなど様々な影響を受けると思われるが、注意や興味をうまく惹くための工夫が関与者には求められるところである。

　今回の調査では、A児の担当者はまさにA児にとっての魅力的な刺激とし

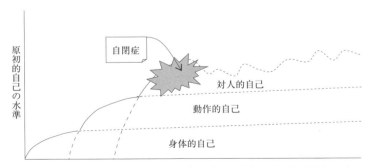

図4-13　危機がおよんだ自閉症児の原初的「自己」の水準とその後の発達のイメージ図

ての他者になり得たと考えられる。今日の自閉症児療育においては、児との遊びや関わりが愛着関係の成立という視点で語られることも多い。しかしさらに一歩進めて、その愛着の形成が物と区別された他者という存在についての気づきや、物とは違う意図をもった存在としての他者への気づき、といった方向性でとらえることも必要であると思われる。

3　認知症における対人的自己の変容と統合について

　筆者は自閉症児者の行動的特徴と認知症者の行動的特徴には類似点が多々あると考えている。これは筆者だけが抱いている印象ではなく、自閉症児を育てている保護者が高齢者福祉施設で就労している場合にも、その保護者は筆者と同じような印象を抱くという話しを複数の方から聞いている。特に似ていると感じるのは、意思疎通の上での通じ合わなさの感触や、無理に迫っていくときにみられる情緒的で拒否的な反応、一見なんでもないようなことで落ち着きを失ったり、落ち着きを失ったときの動き回る様子などは大変によく似ている。しかしその一方で、認知症者ではこだわり行動はあまりみられないし、言語の使用に関する質的障害もみられない。また、自閉症児者によく用いられる視覚的な支援もあまり効果がないように実感している。もちろん自閉症と認知症は病理学的に異なる疾患であり、また発症の背景も全く異なるので、同じ障害ではなく全く別の障害である。ところが、筆者が感じる先に挙げた類似点は、自閉症の特徴の一つである「社会性の障害」と、自分の意思や状態が他者にうまく伝わらなかったときなどに生じる情緒的な反応に関連する部分とみなすことができる。特に後者の情緒的な反応については、自閉症や認知症の人達に限らず、知的障害や精神疾患の人達の場合にも同じような状態を見ることができる。そう考えると、意思疎通の通じ合わなさの感触などの「社会性の障害」について、自閉症児・者と認知症者に共通する部分があるのではないかと考えられる。

　では、認知症者の「社会性の障害」についてはどのように考えられている

のであろうか？　認知症とはそもそも、記憶能力の低下と判断力等の認知的能力の低下を主症状とする疾患群である。ところが認知症ケアの現場においては、記憶能力や認知的能力の低下といった中核症状そのものよりも、認知症者とのコミュニケーション不全、すなわち社会性の障害に関連する部分の困難さが、徘徊や妄想、うつ状態や攻撃行動などの行動障害（周辺症状とも呼ばれる）につながると考えられている。そしてそのコミュニケーション不全の背景には、記憶や言語の障害といった要素的な情報処理の問題だけでなく、他者への興味関心やコミュニケーション意欲の低下といった力動的な問題、他者とのコミュニケーションの失敗がコミュニケーションからの逃避を生み、それがさらにコミュニケーション能力の低下を招くという心理社会的な問題が指摘されている。ところが自閉症の人達との類似点で考えてみると、認知能力や言語機能の問題、力動的理解や心理社会的発想も、じつはこれまで自閉症の原因を考えるときに全く同様のことが考えられてきている。その結果どれも無関係ではないものの、自閉症の障害の本質は社会性の障害、特に二項関係から三項関係の発達が定型発達と異なり、対人的自己の獲得に障害があるというのが、今日的見解となっている。こうした経緯から考えてみても、認知症者の「社会性の障害」は、認知症に関連する重要な課題としてもっとクローズアップする必要があると思われる。

　今回の研究では、認知症の症状が重度な人では他者よりも物に注意が向きやすい傾向があるということと、認知症が重度になるほど照れ笑いが少なくなる、という結果が得られただけで、それらが果たして本当に社会性の障害や対人的自己の変容を示すものであるかどうかは確認がなされなかった。しかしながら、そうした可能性に示唆を与えており、今後の更に詳細な検討で認知症者の対人的自己の変容について明らかにすることが望まれる。

　先に述べたように、対人的自己の統合には、「物」とは違う意図を持った存在としての他者が、互いに注意を向けあいながら、相手の働きかけや様子に応じた即時的な相互的行為を伝え合うような関わりが必要になると考えら

れる。そしてそれは、認知症者における対人的自己の統合にも有効に働くのではないかと考えられる。徳永（2009）は自閉症児にとって「魅力的な刺激としての他者」となることの重要性を指摘したが、認知症者のケアにおいては「馴染みの関係」あるいは「共感できる仲間」が重要であるということがよく言われている（三好 2003）。ここで言う「共感」は、心理面接でよく言われる「受容と共感」とはやや趣が異なる。話しの内容が必ずしもかみ合う必要はなく、同じような雰囲気をかもし出しながら、共にそこにいることによって孤立感が消え、自分がここに居てもいい、ということを実感できるような雰囲気が共有されることの重要性が強調される。自分の存在が否定されることなく受け入れられ、そこにいる者同士が互いに注意を向けあいながら、即時的なやり取りを行うような機会が、恐らくは認知症者にとっての対人的自己が統合されやすい場面であると考えられる。具体的には、集団療法などの凝集された活動場面、何となく一緒に過ごしているお茶飲み場面、カウンセリングやボディーワークでのやり取りを深めるような場面など、他者との即時的な相互的行為と注意の相互性が確保されるような場面設定が重要な役割を果たすと考えられるが、その効果についてはさらに検討していくことが必要である。

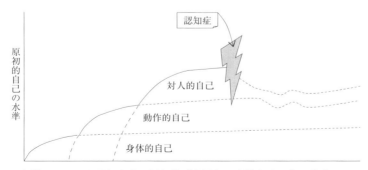

図4-14　危機がおよんだ認知症者の原初的「自己」の水準とその後の発達のイメージ図

第5章　総合考察と総括

第1節　障害が原初的な「自己」に与える影響

1　肢体不自由が身体的自己に与える影響

　身体の不自由が「自己」に与える問題としては、伝統的に身体図式や身体像と関連させて論じられてきた。すなわち、四肢切断後の幻影肢や幻肢痛、または脳損傷や脳疾患による身体失認や病態失認を取上げ、我々の心の中には身体についての知識あるいは観念があり、それが姿勢や移動、さらには身振りや空間中における対象物との関係の問題に深く関係していることが知られている。S. フロイト（1923）はさらに、自我の成立は身体感覚、主として身体表面に由来するものから導き出されることを主張し、周囲の対象とは異なった独自の存在としての自己身体についての自覚や認識がその後の自我の発達的な核になるとしている（秋山 1987）。このように身体の動きと身体についての知覚の問題は、外界と自分とを区別する決定的な働きとして伝統的に注目されてきており、それが自我や自己の成立に重要な役割を果たすことが知られている。

　こうした身体の動きと身体についての知覚が「自己」の発達に与える影響について、今日の発達心理学においては「生態学的自己（Ecological Self）」と「身体的自己（Embodied Self）」として説明される。生態学的自己は、U. ナイサー（1988）が述べた5種類の自己知識の最初のもので、「物理的環境への関係を伴う（直接）知覚としての自己」と定義されている。これはすなわち、固有感覚によって環境中にある周囲の物とは異なる独自の存在とし

ての自己身体が知覚され、その体験に基づいて形成される「自己」と考えられている。さらに身体的自己とは、ダブルタッチに代表されるような自己探索的な感覚的経験によって知覚される自己身体をもとに形成される「自己」と言える。この二つの原初的な「自己」は必ずしも明確に分離できるものではなく、また意識化や言語化も必要とはしない。しかし、世界と関わりあうための最も基盤となるものである。

　肢体不自由の場合には、こうした身体的自己や生態学的自己の発達で特徴的な様相を呈する可能性が高い。出生直後の時期までに生じる運動あるいは姿勢の障害である脳性麻痺は肢体不自由の代表的なものの一つであり、脳性麻痺の子どもの場合にはいわゆる健常発達の子どもとはその運動機能の違いゆえに、身体的自己の発達について趣を異にしている可能性がある。脳性麻痺等で肢体不自由がある場合には、それがたとえ重いものではなくとも、身体的自己が形成される上で代表的な自己探索運動が程度の多少はあれ、何らかの困難を伴うことになる。すなわち、自分の手を自分で口に持っていったり、自分の手足を視界に入れながら動かしたり眺めたりする、こうした自己探索的運動が困難になるなど、固有感覚から得られる自分の身体を特定する情報に制限が生じる可能性は高く、身体的自己の発達において特徴的な様相を呈することも考えられる。

　また肢体不自由をきたす中途障害の代表的な一つが、脳卒中後遺症による片麻痺である。脳卒中の場合には、運動機能障害だけでなく皮膚感覚や固有感覚などの知覚の上での障害をきたすことも多い。脳卒中で片麻痺になる場合などは、病前に獲得されていた自己身体についての知識や意識と現在の身体の状態とのズレが大きな問題になる。このズレが大きいほど、新たな身体状態をもとにした「身体的自己」の統合は困難さを増すと考えられる。すなわち、麻痺によって自己探索運動にもとづく感覚的経験や空間内で定位される自己身体についての情報が大きく制限された状態では、自分の身体を特定する情報が少なくなり、更に固有感覚に障害がある場合には情報の制限はも

っと大きくなる。そのため新たな自己身体の状態についての知覚の困難性は増し、「身体的自己」の統合を困難にさせる大きな要因となる。

では重症心身障害と呼ばれる子ども達では、この身体的自己（生態学的自己を含む）をどのように考えればよいだろうか？　こうした子ども達の場合、屈筋逃避反射や非対称性緊張性頸反射（ATNR）、緊張性迷路反射（TLR）のようないわゆる原始反射が強く残存していることが多い。屈筋逃避反射などの侵害刺激に対する反射は、外界からの刺激に誘発されて身体が動くもので、これは刺激が身体内部ではなく外部からのものであるからこそ起きる運動である。また ATNR は、胴体の位置と頸の向きに由来して上肢や下肢の動きが生じるものであり、自己身体の状態（姿勢）に導かれるものである。TLR も、重力の方向と頭の位置関係で刺激される反射であり、空間中での自己身体の状態に導かれる。こうした点から、いわゆる原始反射に強く支配される重度障害の子ども達であっても、空間中にある自己身体の位置や向きなどによって身体運動が生じており、そこには生態学的自己や身体的自己の発現をみることもできると考えられる。原始反射が残存あるいは強く出現している場合には、むしろこのレベルの自己に強くとらわれてしまっていると考えることもできる。

このように、重症心身障害を始めとした肢体不自由、しかもそれが出生直後からの場合であっても高齢になってからの中途障害であっても、身体的自己の変容が生じる可能性があり、出生後（あるいは胎生期）から死ぬそのときまでその発達や統合が求められるものである。

2　肢体不自由が動作的自己に与える影響

動作的自己は、身体的自己を基盤として、外界にある対象物を触ったりつかんだりすることで、自らが外界に影響を与えることのできる存在であることを発見する（G. バターワース 1995）ようになることに由来する。動作的自己は、偶然ではなく、何らかの意図を持ってあらかじめ計画された行動で外

界や何らかの対象に働きかける存在になることで確認される。行動や働きかけはすなわち、全てが身体の動きとして表現され、意図を持った身体の動きがすなわち動作であり、動作によって特徴づけられる自己が動作的自己である。

　肢体不自由の場合には、仮に何らかの意図を持って対象を操作しようとしても、スムースに操作を実行することが困難である。認知機能に障害がなく、純粋に肢体不自由のみの場合を想定して考えてみても、意図の実現のための対象操作が困難になることは明らかである。動作的自己を考えるときは、基本的に外界に存在する物が操作の対象であるが、自己身体を操作の対象としてとらえることも可能である。すなわち、通常の運動機能を有する場合には、意図と身体運動は無理なく一致するところであるが、脳性麻痺等による肢体不自由や加齢等による運動機能の低下をきたした場合には、意図と身体運動を一致させることが困難となる。そうした場合には、操作の対象として自己身体を想定し、意図どおりに身体を動かすことができる、という現象が意図の発現として確認することが可能である。すなわち動作的自己という自己の発達を考えるとき、操作の対象が外界の物であるか自己身体であるかという対象物が重要なのではなく、何らかの意図を持った身体の動きが生じるかどうかが重要となる。

　ところが障害が重い人の場合には、意図そのものの発現がみられないようなケースもある。重症心身障害と呼ばれる子ども達、あるいは重度意識障害や植物状態と呼ばれる人達である。こうした人達では、身体的自己は成立している可能性も考えられるが、自己身体や外界の対象物に対して意図に基づく計画的な行動で働きかけることについては、その障害ゆえに制限がかなり大きくなる。その制限の大きさは、外界への働きかけを行う存在になっていくことに大きな困難を生じさせると思われる。特に外界の物への働きかけはほとんどできないと思われるような場合であっても、先に述べたように自己身体を操作の対象とし、意図どおりに身体を動かすことを想定すれば、そこ

に動作的自己の発現をみることができる。重度障害の人のわずかな身体の動きに、外界からの刺激や自己身体の状態（姿勢）に由来する運動とは異なる、意図に基づく動作を引き出すことが、そうした人達の「自己」についての発達であると考えることができる。

3　自閉症や認知症が対人的自己に与える影響

　対人的自己は、U. ナイサー（1988）が述べた5つの自己知識の2番目に挙げられており、そこでは「即時的で非反射的な他者との社会的相互交渉に関連した自己」と定義されている。動作的自己が発現する2ヶ月以降の乳児を対象に、P. ロッシャ、T. ストリアーノとL. ブラット（2001）は実験を行い、乳児が2ヶ月から6ヶ月の間に、他者が自分に対していかに振る舞うかについて予期する能力を発達させてくることを示している。それは、動作的自己が、物に対しての予期ができるようになった後に、その能力が他者に対して可能になったものと思われる。

　自閉症は対人的相互反応と意思伝達の質的障害、こだわりを診断基準とする言語・社会性の障害である。自閉症においては、他者のことを意図をもつ主体と理解することが苦手であることが指摘され（M. トマセロ 1999）、対人的自己に重篤な障害があることが仮説されている（K. A. ラブランド 1993）。自閉症児では、移動能力や自分の意図するように物を扱うことには問題はなく、身体的自己や動作的自己のレベルでの「自己」は発達していると思われる。しかし対人的自己がうまく発達しないのは、物と人とが向かい合ったときの特性の違いの理解が不完全であることに由来すると考えられる。すなわち、物であれば自分が働きかけることで状態は変化するが、物の方から働きかけられることはないし、またその状態の変化も一般的な物理的な法則に従う。しかし人の場合は、相手の方から働きかけられることがあるし、また自分の働きかけに応じてその応答の様相が微妙に変化する。そしてその変化は物理的な法則とは異なる。さらに、物には自分が注意を向けるだけであるが、人

の場合は相手からも注意が向けられる。さらに加えるならば、自分の行ったことに対してすぐに応答が返ってくることも特徴として挙げられる。この相互的行為と注意の両方向性、そして随伴性が物と他者との区別をもたらす大きな違いであると考えられる。自閉症の対人的自己のゆがみの背景には、このような物と他者との区別が十分に行うことの難しさをはらんでいることが想像される。

　また認知症は、記憶力と認知的能力の低下を主症状とする疾患であるが、認知症ケアにおいてはこれらの主症状よりも、コミュニケーション不全が課題とされることが多い。認知症者のコミュニケーション不全の背景については、情報処理能力の問題や力動的な問題など幾つかの議論があるが、まだ定まったものはない。しかしながら、他者への注目の少なさ（石倉 2008）や照れ笑いの少なさ（石倉 2010）から、他者認知に関しての障害があることが示唆されている。認知症の中でもアルツハイマー病の場合には、自分についての認知や状況全体を把握することが障害されていることが本質的な症状と言われる（竹中 1996）。また認知症者の自己について小澤（1998）は、アルツハイマー型認知症の人達は、「わたし忘れ」をし、原初的な「わたしたち」を生きる存在になっていくと述べている。そこでは共同性（社会性）と関係性の中から「わたし（すなわち自己）」は生まれ、アルツハイマー型認知症の人ではその「わたし」が解体し、「わたし」への執着が捨て去られ、共同性と関係性の中に溶け込む存在になると述べられている。そして、脳血管性の認知症の場合であっても、この個別性と共同性の統合が崩されていくところに共通の特徴があるとしている。さらに、認知症者の場合には「なじみの仲間」や「信頼できる特定の人」を発見し、その対象との二項関係のなかで生きていると述べられている。

　このようにみてくると、自閉症は物と他者の区別についての理解の困難さを背景にして対人的自己に障害があり、認知症は自己についての全般的な認知が失われていくその最初の段階として対人的自己に変調が生じると考える

ことができる。さらに認知症の場合は、進行するに従って何かをしようとするような意欲の減退を示し、さらには無動化していくことも珍しくない。この過程は、対人的自己から次第に意図性や運動性を失い、動作的自己や身体的自己の変容まで生じていくものと考えることもできるが、まだこれは筆者の思いつきの範疇を出るものではない。

第2節　原初的な「自己」の発達と統合に向けた援助

1　「自己」の統合に求められるもの

　前節でみたように、原初的な「自己」は様々な障害により変容し、そのつど発達あるいは統合が求められる。本論では、脳卒中や脳性麻痺による肢体不自由児・者と認知症者、自閉症児の「自己」の発達と統合を、主に事例的に検討してきたが、ここであらためてそれを整理する。

　まず肢体不自由のある場合には、その障害ゆえに身体的自己が変容する。それは自己探索運動に代表されるような、空間内における自己身体の状態についての情報が制限されることが大きく影響する。第2章では、固有感覚に注意を向けることができるようになり、自分の身体の状態についての知覚が成立し、さらにその知覚に基づいて自己身体を操作の対象として選択できるようになることが、現実感覚を取り戻したり、自立的な生活行動に結びついた事例を報告した。そして固有感覚的な自己身体についての知覚が「今、ここ」の安定や獲得に影響することも考察された。

　こうした身体的自己の発達や統合には、固有感覚的な自己身体についての知覚をもたらし、自己身体を操作の対象として選択できるような営みを、本人と援助者で一緒に行える方法が必要であると考える。そしてそのためには、本人と援助者が一緒に身体を動かしながらその身体の動きの感じを細かく調整したり伝え返すことで、自己身体についての知覚を明確なものにするよう

な働きかけが必要である。また、身体の動きや身体の感覚に本人が持続した注意を向けることができるように、身体の動きを細かに調整したり、動きの感じをそのつど伝え返すなどして、注意をうながすような働きかけも必要となる。それは今回の援助法であった動作法ならずとも、感覚統合法やプレイセラピー、ファシリテーションボールの活用等であっても構わないと考える。重要なのは、援助者が何を行うかではなく、何を目的としてそれをどのように行うかである。例え筆者と同じような動作法と呼ばれる方法を用いても、そこに運動機能的な変化しか見ないようでは意味がない。

　肢体不自由の場合には、動作的自己もまた変容する。すなわち、意図を外界に向かって発現させるための身体運動がスムースでなかったり、意図どおりに身体を動かせなかったりする。第3章では、自己身体の操作がスムースになるに従って、周囲の人への関わりが能動的となった脳性麻痺児と脳卒中後遺症者の事例を報告した。意図どおりに身体を動かせるようになること、すなわち意図と対象操作がスムースにつながることによって、外界とのかかわりが「今、ここ」から抜け出して、時間と空間に広がりを生じさせたものと考えられる。

　こうした動作的自己の発達と統合には、自己身体を操作の対象として選択し、さらにその対象についての操作がスムースにできるようになる、という営みが必要であったと考えられた。そしてそのためには、一緒に身体を動かしながらも援助者主体の動きではなく本人主体の能動的な身体運動をうながすことや、坐位・膝立ち・立位といった抗重力姿勢で、三次元空間の中に身体を定位するということが効を奏したと考えられる。もちろん筆者が行った動作法でなくとも、こうした働きかけが行われるのであれば、他の運動機能訓練や感覚統合法、種々の道具を用いたアプローチでも構わないと考える。重要なのは、ここでもやはり何を目的にしてそれをどのように行うのかである。

　第4章では認知症者や自閉症児で対人的自己について検討を行ったが、本

論では認知症者の対人的自己の統合について示すことは困難であった。しかし、自閉症児の自由遊びが持続的に展開するために①児に対して様々な働きかけを行って、関与者から関わりの糸口を積極的に探っていく、②児が働きかけてくる遊びや物事には積極的に応答する、③児からの働きかけには受容的に応答して行く、という3点が効果的であったということは明らかとなった。これらが、他者を意図を持った存在として理解することの困難さや、あるいは物と人との違いを強調して伝える方法になり得ることが考察された。まとめると、即時的で受容的な働きかけ、多様で探索的な働きかけ、ということになるが、これが実際に対人的自己の統合に貢献するかは、さらに検討を要する。また認知症者においては、「なじみの関係」「信頼できる特定の人」あるいは「共感できる仲間」の存在が従来から強調されているが、対人的自己の統合との関連については、まだ多くの検討をしていく必要がある。

　いずれにしてもこれらの「自己」の統合を図る場合には、身体と身体の動きを通した援助が大きな意味を持つと考えられる。広い意味でのボディーワークは、恐らくこうした「自己」の様々な側面について統合することに貢献すると思われる。自己はなによりもまず身体から由来する、というのはフロイト以降、「自己」を取り扱ってきた者たちの共通した出発点である。

2　身体的アプローチの有効性と限界性

　こうした身体的アプローチで援助を実施する場合に、有効な場面や対象は多い一方で、限界性や配慮が必要な点があることを経験的に感じている。

　まず対象者であるが、本論で報告を行ったような脳性麻痺や脳卒中などの肢体不自由がある場合には、ほとんどどんな場合でも「自己」の発達や統合に関しては課題が生じるため、身体的なアプローチが適用可能だと感じている。しかしながら、重度の植物状態、具体的には痛み刺激に反応しないような深い昏睡状態（3-3-9度方式の300相当）にある人について筆者はこれまで数人に対応をしてきたが、反応が全くないために、対象として想定するには無

理があると感じる。しかしながら、藤見（2003、2005）のコーマワークに見られるように、はっきりと顕在化する身体の動きではなくとも、そこに立ちあらわれるわずかな反応や応答の中に動作的自己を見出す視点と方法もあり、意図性の表出がないと早々に結論付けるのもまた早計であるように思われる。

また方法論であるが、こうした身体的アプローチはその場で一緒に身体を動かしていく、という方法が一般的である。その姿勢は椅子に座った姿勢でも、床やマットの上に寝転がった姿勢でも何でもよいため、場所の制限はあまりない。しかし、電話やインターネット（電子メール含む）では、身体の動きや状態を確かめるのがかなり困難なので、よほど自分の身体の状態についての正確な言語化ができる人以外では、実施は難しい。

また身体的アプローチや各種のボディーワークは世界各地にあり、治療的な手法のみならず、舞踊や芸能などの文化・芸術の方面にまで広くつながるものであり、文化や人種の違いは大きな困難ではない。しかしながら、身体を扱われることがどうしても苦手であったり、身体に注意を向けると過呼吸などの心理的反応が出たりする人が時々いる。こうした人には身体を動かしたり、身体に注意を向けることを急に強いることのないような配慮が必要である。

また身体的アプローチを行うときには、例えば医療機関の治療・訓練室であったり、治療・訓練用のマットを置いた空間など、構造が整えられた治療的な空間である方が、それに参加する者にとっては抵抗感が少ないというのが一般的である。また、こうした身体的アプローチは、内面で考えていることや感情を言語化する必要がないため、必ずしも援助をする者とされる者が二人だけで閉鎖的な空間で実施する必要はない。第三者がそこにいたり、複数の人達が同時に実施することも可能である。もちろん、自分の身体や身体の動きを他者に見られることに抵抗感を持つ方もあるので、何人でやるのか、誰が一緒に行うのかということの配慮は必要となるが、言語的な心理面接よりも場の設定の自由度が大きいという特性がある。

第3節　全体のまとめ

1　援助の視点と方向性

　障害の改善ではなく、「自己」についての発達や統合を図ることが、適応的な生活を送れるようになることに貢献すると考えている。筆者の印象では、医療も福祉も教育も「障害を改善」あるいは「障害の克服」という色合いを強く感じることが多い。このときの障害は、個人内にあるもの（いわゆる機能障害や形態障害、能力障害）、個人と個人の間にあるもの（例えば偏見、無理解など）、社会にあるもの（いわゆる社会的不利）、などそれぞれの水準があるものの、全体にはそれらの改善や克服という論調で語られることが多い。また障害受容に関連して、「大事なことは受容かあきらめか」と言われることもあるが、それもまた改善や克服の論調とどこか似ている。筆者はこれまで、脳卒中や認知症をはじめとする多様な中途障害をおったたくさんの高齢者、脳性麻痺や自閉症をはじめとした先天性の障害をおったたくさんの子どもや成人の心理臨床や福祉臨床、リハビリテーションに携わる中で、こうした論調にどこか違和感を感じていた。高齢者臨床にあってはなおさらであった。客観的な障害の改善が見込めない人達、最重度の障害を持つ人達はどうすればいいのか、障害を受容し、あきらめるということなのか、という疑問が根底にあった。

　今回、原初的な「自己」の発達と統合という視点でこうした人達をとらえなおして見ると、腑に落ちる部分がたくさん出てきた。以前のようには動かなくなった身体、以前のように考えたり行動したりすることが難しくなった心と身体を抱えた人達は、その状態を基盤にするしかない。しかし、そこから新しい自分、今までとは違う自分を見出すことが、適応的な生活につながると考えた。これまでと同じように動かせない身体は、動かし方を工夫した

り、動かそうとする意図のあり方や身体運動を行うための努力の仕方を変更することで、不自由さはあるかもしれないが、適応的な生活が可能である。そこには、身体的自己や動作的自己がこれまでとは違う形で発現しているとみなせば、それは克服や改善とも違う、ましてあきらめとも異なる視点となる。

　生後早い時期からの肢体不自由の場合にはその状態の身体についての知覚、中途障害の場合には新たな状態の自己身体についての知覚、を通じて形成される「身体的自己」が、いわゆる「健常」と呼ばれる人達の身体的自己とはその中身や過程がやや異なるかもしれない。しかし元々、他人と全く同じ自己、というものは存在しない。個人差というには隔たり具合が大きいかもしれないが、それはまぎれもなく他の誰とも代替できない「わたし」である。本論では、その隔たりが日常生活に影響を与えるほど大きなものを「障害」あるいは「変調」「変容」と呼んだ。重要なのは、「わたし」が他の人とどれだけ違っているかではなく、「わたし」がどれだけ実感をもったものとして自分の中に統合されているかである。「変調」は、新たな自己ができるにしたがって目立たなくなり、表面には現れてこなくなる。成人や高齢者の場合におけるその過程を「統合」、発達途上の場合を「発達」とここでは呼んだ。そしてその発達あるいは統合こそが、適応的に生きていく上で必要であると考える。以前の自分とは違った身体、他人とは違う身体であっても、これこそが自分の身体であるということを、意識化や言語化したものでとらえるのではなく、まさに身体化されたものとしてとらえることが、生きて生活する者としてはまずは必要であると思われる。

　そしてこの「自己」の発達や統合は、乳幼児から高齢者まで、恐らくは生まれる前から死ぬそのときまで求められる。そして障害をおうような特別な事情がなくても、思春期や壮年期といった幾つかのライフステージで、結婚や就職といった幾つかのライフイベントで、戦争や災害といった社会的出来事に遭遇した際にも、形成や再統合が求められ、あらゆる場面で一生涯を通

じて必要となるものであろう。

2　今後に向けて

　本論は、今日の発達心理学の動向を背景に筆者の臨床実践と臨床研究について解釈をおこなったものであるが、今後は今回整理した「身体的自己」や「動作的自己」「対人的自己」について、P.ロッシャ（2001）が報告したような実験による検討を行っていきたいと考える。特にP.ロッシャが乳児に行った実験は示唆に富むものが多く、重症心身障害の子ども達にとっての「身体的自己」「動作的自己」を明らかにし、その発現に向けた援助を検討するためには、極めて有効な方法になると思われる。

　また認知症の人の「対人的自己」の統合に向けた援助法については、認知症理解の仕方としてこれまでにない視点を提供できる可能性があるものの、検討を要する点は数多くある。まずは、本論で述べたような、視覚的注意や社会的笑いについて認知症のない人との比較を早急に行う必要がある。その上で、「対人的自己」の統合に貢献する要因について検討を行っていきたいと考えている。

引用文献

第1章

赤木和重（2003）青年期自閉症者における鏡像自己認知：健常幼児との比較を通して．発達心理学研究，**14**(2)，149-160．

秋山俊夫（1987）身体心像研究の展望．稲永和豊監修，身体の心理学．星和書店，pp. 278-334．

荒木穂積（2006）コミュニケーションの発達と注意共有機構―三者関係の成立をめぐって．障害者問題研究，**33**(4)，242-249．

馬場謙一（2004）摂食障害とボディイメージ．こころの科学，**117**，26-30．

別府哲（2001）自閉症幼児の他者理解．ナカニシヤ出版．

別府哲（2002）自閉症児と共同注意―他者理解，愛着対象との関連から．発達，**92**，16-22．

Burton, A., Adkins, J., & Calif, S. J. (1961) Perceived size of self-image body parts in schizophrenia. *Archives of General Psychiatry*, **5**, 39-48.

Butterworth, G. (1995) "An Ecological Perspective on the Origins of Self." In *The Body and The Self*, edited by J. L. Bermudez, A. Marcel & N. Elian. Cambridge: MIT Press.

Cole, J. & Paillard, J. (1995) "Living without Touch and Peripheral Information about Body Position and Movement: Studies with Deafferented Subjects" In *The Body and The Self*, edited by J. L. Bermudez, A. Marcel & N. Elian. Cambridge: MIT Press.

Fisher, S. (1973) *Body Consciousness: You Are What You Feel*. New Jersey: Prentice-Hall Inc.（村山久美子・小松啓訳『からだの意識』誠信書房，1979．）

Freud, S. (1923) *The Ego and The Id*. New York: W. W. Norton & Company Inc.（井村恒郎・小此木啓吾他訳『フロイト著作集6自我論・不安本能論』人文書院，1970．）

Gibson, J. J. (1979) *The Ecological Approach to Visual Perception*. Boston, Massachusetts: Houghton Mifflin Company.（古崎敬・古崎愛子・辻敬一郎・村瀬晃共訳『ギブソン　生態学的視覚論―ヒトの知覚世界を探る』サイエンス社，1985．）

Gorman, W. (1969) *Body Image and The Image of The Brain*.（村山久美子訳『ボディ・イメージ』誠信書房，1981．）

Gregory, C., Lough, S., Stone, V., Erzinclioglu, S., Martin, L., Baron-Cohen, S., & Hodges, J. R. (2002) Theory of mind in patients with frontal variant frontotemporal dementia and Alzheimer's disease: theoretical and practical implications. *Brain*, **125**, 752-764.

池田学・橋本衛（2007）前頭側頭型認知症と自己・他者の認知障害．臨床精神医学，**36**(8)，965-970.

井上由美子・山田和男・神庭重信（2007）気分障害と心の理論（Theory of Mind）．臨床精神医学，**36**(8)，981-986.

石倉健二（2010）認知症者の「笑い」にみる自他理解－MMSE 得点と照れ笑いの関係から－．介護福祉学，**17**(2)，115-123.

James, W. (1892)(reprint1984) *Psychology: Briefer Course.* (*The Works of William James*) London: Harvard University Press.

倉知正佳（2006）統合失調症：自己意識の障害と社会性関連回路．神経進歩，**50**(1)，142-151.

Lewis, M., Sullivan, M. W., & Brooks-Gunn, J. (1985) Emotional behaviour during the learning of a contingency in early infancy. *British Journal of Developmental Psychology*, **3**(3), 307-316.

Maltsberger, J. T. & Buie, D. H. (1980) The devices of suicide. *International Review of Psychoanalysis*. **7**, 61-72.

Meissner, W. W. (1997) The Self and the Body 1. The Body Self and the Body Image. *Psychoanalysis and Contemporary Thought*. **20**(4), 419-448.

Meltzoff, A. N. (2002) "Elements of a developmental theory of imitation" In The Imitative Mind. edited by A. N. Meltzoff & W. Printz. Cambridge University Press.

村田純一（1995）知覚と生活世界－知の現象学的理論．東京大学出版会．

鍋田恭孝（2004）容姿の美醜に関する病理－醜形恐怖症を中心に－．こころの科学，**117**，31-40.

成瀬悟策（1995）講座・臨床動作学 1　臨床動作学基礎．学苑社．

Neisser, U. (1988) Five Kinds of Self-knowledge. *Philoshphical Psychology*. **1**(1), 35-59.

小此木啓吾編集代表（2002）精神分析事典．岩崎学術出版社．

大塚哲也（1968）幻想肢．最新医学，**23**，773-787.

Rochat, P. (2001) *The Infant's World*. Cambridge, Massachusetts, and London: Harvard University Press.（板倉昭二・開一夫監訳『乳児の世界』ミネルヴァ書房，2004.）

Rochat, P.（2003）Five levels of self-awareness as they unfold early in life. *Consciousness and Cognition*, **12**, 717-731.

Rochat, P.（2007）Intentional action arises from early reciprocal exchanges. *Acta Psychologica*, **124**, 8-25.

Rochat, P., & Hespos, S. J.（1997）Differential rooting response by neonates: Evidence for anearly sense of self. *Early Development and Parenting*, **6**（3-4），105-112.

Rochat, P., Striano, T., & Blatt, L.（2002）Differential Effects of Happy, Neutral, and Sad Still-Faces on 2-, 4- and 6-Months-Old Infants. *Infant and Child Development*, **11**, 289-303.

Schilder, P.（1935）*The Image and Appearance of The Human Body. Part 2 & 3.* （稲永和豊監修『身体の心理学』星和書店，1987.）

Schwab, J. J. & Harmeling, J. D.（1968）Body Image and Medical Illness. *Psychosomatic Medecine*, **30**, 51-61.

Searle, J. R.（1983）*Intentionality -An essay in the philosophy of mind-*. Cambridge: Cambridge University Press.

Simmel, M. L.（1962）Phantom Experiences Following Amputation in Childhood. *Journal of Neurology, Neurosurgery & Psychiatry*, **25**, 69-78.

Stern, D. N.（1985）*The Interpersonal World of the Infant: A Vies from Psychoanalysis and Developmental Psychology*. New York: Basic Books Inc.（小此木敬吾・丸太俊彦監訳『乳児の対人世界 理論編』岩崎学術出版社，1989.）

高畑圭輔・豊嶋良一（2007）統合失調症と社会脳．臨床精神医学，**36**(8)，971-979.

田崎義昭・斎藤佳雄（2004）ベッドサイドの神経（改訂16版）．南山堂．

Tomasello, M. & Michael, W.（1999）*The cultural origin of human cognition*. Harvard University Press.（大堀寿夫・中澤恒子・西村義樹・本多啓訳『心とことばの起源を探る：文化と認知』勁草書房，2006.）

塚田攻（2004）性同一性障害におけるボディイメージ．こころの科学，**117**, 48-52.

ワロン H.（1983）身体・自我・社会．浜田寿美男訳編．ミネルヴァ書房．

矢冨直美・宇良千秋・吉田圭子，他（1996）痴呆性老人における笑いの表出．老年精神医学雑誌，**7**(7)，783-791.

第2章

尼崎彬（1996）身体と芸術．井上俊・上野千鶴子ら編，身体と間身体の社会学，岩波書店，pp. 145-162.

蘭香代子（1992）高齢者臨床における動作法．現代のエスプリ別冊　健康とスポーツの臨床動作法．至文堂．

Birch, H. G., Bortner, M., & Lowenthal, M. (1960) Perception in hemiplegia: I. Judgement of vertical and horizontal by hemiplegic patients. *Archives of Physical Medicine & Rehabilitation*, **41**, 19-27.

Blane, H. T. (1962) Space perception among unilaterally paralyzed children and adolescents. *Journal of Experimental Psychology*, **63**, 244-247.

Friedman, G. (1970) The judgement of the visual and horizontal with peripheral and central vestibular lesions. *Brain*, **93**, 313-328.

藤岡孝志（1987）動作療法の治療過程に関する一考察―転換ヒステリーの事例を通して―．心理臨床学研究，**5**(1)，14-25.

藤岡孝志（1993）高齢者への動作療法の適用．リハビリテイション心理学研究　**20**，75-86.

Gibson, J. J. (1979) *The Ecological Approach to Visual Perception*. Boston, Massachusetts: Houghton Mifflin Company. （古崎敬・古崎愛子・辻敬一郎・村瀬晃共訳『ギブソン　生態学的視覚論―ヒトの知覚世界を探る』サイエンス社，1985.）

グラバア俊子（2000）新・ボディーワークのすすめ．創元社．

浜田寿美男（1999）「私」とは何か．講談社，pp. 60-92.

浜田寿美男・山口俊郎（1984）子どもの生活世界のはじまり．ミネルヴァ書房，pp. 136-151.

針塚進（1993）障害高齢者に対するカウンセリングとしての動作面接法．リハビリテイション心理学研究，**20**，15-21.

干川隆・大神英裕（1988）脳性まひ児における重心の動揺と垂直判断の関連．九州大学教育学部紀要（教育心理学部門）**33**(2)，257-264.

石倉健二（1995）ある脳卒中後遺症者における心身活性化の獲得過程―動作法の適用と身体意識の形成―．リハビリテイション心理学研究，**21**，19-28.

石倉健二（1996）脳障害による肢体不自由者における身体への意識の向け方の変化について．発達臨床心理研究，**2**，3-12.

石倉健二（1998）脳梗塞後遺症のある高齢者に対する動作法の適用事例．発達臨床心理研究，**4**，1-7.

河野亮仙（1999）舞踊・武術・宗教儀礼．野村雅一・石川雅編，技術としての身体，大修館書店，pp.202-228．

木之下隆夫（1994）一慢性分裂病に対する「身体」を媒介にした心理療法―特にその過程における「身体」のもつ意味を巡って―．心理臨床学研究，12(1)，38-50．

清峰瑞穂（1996）Rett症候群のトレーニーに対する1週間キャンプにおける動作訓練のプロセス．リハビリテイション心理学研究，24，57-65．

楠峰光（1994）自閉性障害者の臨床と福祉．九州大学教育学部附属障害児臨床センター編，発達と障害の心理臨床．九州大学出版会，pp.232-243．

長野恵子（1993）高齢肢体不自由者（脳卒中者）の臨床動作法．リハビリテイション心理学研究，20，109-120．

成瀬悟策（1995）臨床動作学基礎．学苑社，pp.131-132．

Neisser, U. (1988) Five Kinds of Self-knowledge. *Philoshphical Psychology*. 1(1), 35-59.

野口三千三（2002）からだに貞く野口体操．春秋社．

大村実（1997）肢体不自由と心理的特性．市川隆一郎・堤賢・藤野信行編著，障害者心理学．建帛社，pp.7-25．

Rochat, P. (2001) *The Infant's World*. Cambridge, Massachusetts, and London: Harvard University Press. （板倉昭二・開一夫監訳『乳児の世界』ミネルヴァ書房，2004.）

Rochat, P. (2007) Intentional action arises from early reciprocal exchanges. *Acta Psychologica*, 124, 8-25.

佐藤暁（1986）脳性まひ児（者）における身体の緊張布置と垂直判断との関連．教育心理学研究，34(1)，73-78．

高原朗子（1998）精神発達遅滞者のライフサイクルにおける福祉施設の意義．長崎大学教育学部教育科学研究報告，54，87-96．

高橋潔（1994）施設入所中の知的障害児に現れた不適応行動に対するカウンセリングアプローチ．特殊教育学研究，31(5)，47-53．

竹内敏晴（2001）思想する「からだ」．晶文社．

鶴光代（1991）動作療法における「自体感」と体験様式について．心理臨床学研究，9(1)，5-17．

鶴光代（1992）精神病者への動作療法．成瀬悟策編，臨床動作法シリーズ①臨床動作法の理論と治療．至文堂，pp.169-177．

上田敏（1981）目でみる脳卒中リハビリテーション．東京大学出版会．

Werner, H. & Wapner, S. (1952) Experiments on sensory-tonic field theory of perception: IV. Effect of initial position of a rod on apparent verticality. *Journal of Experimental Psychology*, 43, 68-74.

やまだようこ (1996) 共鳴してうたうこと・自身の声がうまれること. 菅原和孝・野村雅一編, コミュニケーションとしての身体. 大修館書店, pp. 40-70.

山内隆久 (1992) 動作法による脳卒中者へのリハビリテイションの試み. 現代のエスプリ別冊 健康とスポーツの臨床動作法. 至文堂.

第3章

Butterworth, G. (1995) "An Ecological Perspective on the Origins of Self." In *The Body and The Self*, edited by J. L. Bermudez, A. Marcel & N. Elian. Cambridge: MIT Press.

藤見幸雄 (2003) 植物／昏睡状態の人に働きかけるコーマワーク. 臨床心理学, 5(2), 228-233.

藤見幸雄 (2005) 心身二元論を超えて―ドリームボディーとそのアプローチ―. 臨床心理学, 3(1), 26-36.

藤岡孝志 (1992) 高齢者への動作療法の適用. リハビリテイション心理学研究, 20, 75-86.

針塚進 (1992) 障害高齢者に対するカウンセリングとしての動作面接法. リハビリテイション心理学研究, 20, 15-22.

石倉健二 (1995) ある脳卒中後遺症者における心身活性化の獲得過程―動作法の適用と身体意識の形成―. リハビリテイション心理学研究, 21, 19-28.

石倉健二 (1996) 脳障害による肢体不自由者における身体への意識の向け方の変化について. 発達臨床心理研究, 2, 3-12.

石倉健二・大神英裕 (1995) ある脳卒中後遺症者への動作法の適用と動作改善過程. 九州大学教育学部紀要, 40, 117-124.

岩谷力 (1990) 整形外科治療の意義と実際. 岩倉博光・岩谷力・土肥信之 (編), 小児リハビリテーション. 医歯薬出版, pp. 185-187.

長野恵子 (1992) 高齢肢体不自由者 (脳卒中者) の臨床動作法. リハビリテイション心理学研究, 20, 109-120.

中村隆一・斎藤宏 (1983) 基礎運動学. 医歯薬出版, p. 181.

成瀬悟策 (1995) 臨床動作学基礎. 学苑社, pp. 261-265.

二宮昭 (2002) 動作法からみた重度・重複障害児. 成瀬悟策 (編), 障害動作学. 学

苑社，pp. 194-205.
大川敦子（1988）CP児に対する整形外科手術の種類とボバースセラピィの留意点．ボバースジャーナル，11(2)，12-17.
大川敦子（1991）脳性麻痺児の股関節脱臼．ボバースジャーナル，14(3)，20-26.
Rochat, P. (2001) *The Infant's World*. Cambridge, Massachusetts, and London: Harvard University Press.（板倉昭二・開一夫監訳『乳児の世界』ミネルヴァ書房，2004.）
Rochat, P. (2007) *Intentional action arises from early reciprocal exchanges*. Acta Psychologica 124, 8-25.
Searle, J. R. (1983) *Intentionality -An essay in the philosophy of mind-*. Cambridge: Cambridge University Press.
玉井和哉（2008）外傷総論．国部正一・鳥巣岳彦（監），標準整形外科学（第10版）．医学書院．pp. 618-645.
鶴光代（1991）動作療法における「自体感」と体験様式について．心理臨床学研究，9(1)，5-17.
Zoltan, B. (1996) *Vision, Perception, and Cognition-A Manual for the Evaluation and Treatment of the Neurologically Impaired Adult-Third Edition*. New Jersey: SLACK INCORPORATED Thorofare.（河内十郎監訳『失行・失認の評価と治療　第3版』医学書院，2001）

第4章

別府哲（2001）自閉症幼児の他者理解．ナカニシヤ出版．
別府哲（2002）自閉症児と共同注意．発達，92，16-22.
遠藤利彦（2008）コミュニケーション場面におけるメタ認知の働き―恥や罪の情動の機能も交えて．丸野俊一（編），内なる目としてのメタ認知．現代のエスプリ，497，至文堂．pp. 120-129.
深津亮・中野倫仁（1998）血管性痴呆．本間昭・武田雅俊（編）臨床精神医学講座第12巻　老年期精神障害．中山書店，pp. 173-200.
Gregory, C., Lough, S., Stone, V., Erzinclioglu, S., Martin, L., Baron-Cohen, S., & Hodges, J. R. (2002) Theory of mind in patients with frontal variant frontotemporal dementia and Alzheimer's disease: theoretical and practical implications. *Brain*, 125, 752-764.
Hooff, V. J. (1972) A comparative approach to the phylogeny of laughter and smil-

ing. In R. A. Hind (Ed.), *Non-verbal communication* (pp. 209-241), Cambridge: Cambridge University Press.

一宮洋介・新井平伊（1998）Alzheimer 型痴呆．本間昭・武田雅俊（編）臨床精神医学講座第12巻　老年期精神障害．中山書店，pp. 201-221.

池田学・橋本衛（2007）前頭側頭型認知症と自己・他者の認知障害．臨床精神医学，36(8), 965-970.

石倉健二（2006）認知症高齢者の理解と支援のポイント．昇地勝人・蘭香代子・長野恵子・吉川昌子（編）障害特性の理解と発達援助第2版．ナカニシヤ出版，pp. 256-267.

伊藤良子（2002）：自閉症児の遊びとコミュニケーション．発達，92, 23-29.

Izard, C. E. (1996) 感情心理学．荘厳舜哉監訳．京都：ナカニシヤ出版．(C. E. Izard (1991) *The Psychology of Emotions*. New York: Plenum Press.)

香原志勢（2000）顔と表情の人間学．平凡社．

鯨岡峻（1998）関係が変わるとき．秦野悦子・やまだようこ編，コミュニケーションという謎．ミネルヴァ書房．

Lewis, M. (2000a) Self-Conscious Emotions. In M. Lewis & J. M. Havilland (Eds.), *Handbook of Emotion 2nd. Ed.* (pp. 623-636). New York: Guilford Press.

Lewis, M. (2000b) The Emergence of Human Emotions. In M. Lewis & J. M. Havilland (Eds.), *Handbook of Emotion 2nd. Ed.* (pp. 265-280). New York: Guilford Press.

Loveland, K. A. (1993) Autism, affordance and the self. In U. Neisser (Ed.), *The perceived self: Ecological and interpersonal sources of self-knowledge.* (pp. 237-253), Cambridge: Cambridge University Press.

正高信男（1993）0歳児が言葉を獲得するとき―行動学からのアプローチ―．中公新書．

松田修（1998）高齢者の心理アセスメント．黒川由紀子（編）老いの臨床心理―高齢者のこころのケアのために―．日本評論社，pp. 36-37.

三好春樹（2003）痴呆論．雲母書房．

三好春樹（2005）実用介護事典．講談社．

中里克治（1998）老化と感情．本間昭・武田雅俊（編）臨床精神医学講座第12巻　老年期精神障害．中山書店，pp. 24-28.

Neisser, U. (1988) Five Kinds of Self-knowledge. *Philoshphical Psychology*, 1(1), 35-59.

大神英裕（2008）発達障害の早期支援．ミネルヴァ書房．

Rochat, P.（2001）*The Infant's World*. Cambridge, Massachusetts, and London: Harvard University Press.（板倉昭二・開一夫監訳『乳児の世界』ミネルヴァ書房，2004．）

Rochat, P.（2007）Intentional action arises from early reciprocal exchanges. *Acta Psychologica* **124**, 8-25.

Sigman, M. & Kasari, C.（1995）"自閉症児と健常児の様々な文脈における共同注意" In *Joint Attention. Its Origins and Role in Development*, edited by C. Moor & P. J. Dunham. 1995. Lawrence Erlbaum Associates, Inc.（大神英裕監訳『ジョイント・アテンション　心の起源とその発達を探る』ナカニシヤ出版，1999．）

白井はる奈・藤原瑞穂・宮口英樹・宮前珠子（2005）重度認知症高齢者の笑い・笑顔表出に関する探索的研究．作業療法，**24**，253-261．

潮谷有二・児玉桂子・足立啓・下垣光，他（2003）痴呆性高齢者環境配慮尺度（施設版）の開発とその有効性に関する研究．純心現代福祉研究，**8**，43-70．

白井みどり・臼井キミカ・今川真治・黒田研二（2006）認知症高齢者の感情反応と行動に基づく個別的な生活環境評価とその効果．日本認知症ケア学会誌，**5**(3)，457-470．

宍戸栄美（1995）環境との関わりで学ぶこと．村井潤一編著，障害児臨床と発達研究．コレール社．

Sroufe, L. A. & Waters, E.（1976）The ontogenesis of smiling and laughter: A perspective on the organization of development in infancy. *Psychological Review*, **83**, 173-189.

高山成子・千田友子（2003）軽度・重度痴呆症患者における笑いの種類と笑いを引き出す方法についての研究．笑い学研究，**10**，149-152．

田邉敬貴（2007）ピック病の位置づけ―前頭側頭型認知症との関連―．老年精神医学雑誌，**18**(6)，585-590．

徳永豊（2009）重度・重複障害児の対人相互交渉における共同注意．慶應義塾大学出版会．

Tomasello, M. & Michael, W.（1999）*The cultural origin of human cognition*. Harvard University Press.（大堀寿夫・中澤恒子・西村義樹・本多啓訳『心とことばの起源を探る：文化と認知』勁草書房，2006．）

宇良千秋・矢冨直美（1997）高齢者の笑いの表情に対する年齢と認知能力の影響．発達心理学研究，**8**(1)，34-41．

浦崎武 (2000) 自閉症児における「能動－受動」のやりとりの発達的変容―遊びを通した関係性の成立に焦点を当てて―. 特殊教育学研究, **37**(5), 17-26.

矢冨直美 (1996) 痴呆性老人のコミュニケーション行動. 看護研究, **29**(3), 243-252.

矢冨直美・宇良千秋・吉田圭子, 他 (1996) 痴呆性老人における笑いの表出. 老年精神医学雑誌, **7**(7), 783-791.

第5章

秋山俊夫 (1987) 身体心像研究の展望. 稲永和豊監修, 身体の心理学. 星和書店, pp. 278-334.

Butterworth, G. (1995) "An Ecological Perspective on the Origins of Self." In *The Body and The Self*, edited by J. L. Bermudez, A. Marcel & N. Elian. Cambridge: MIT Press.

Freud, S. (1923) *The Ego and The Id*. New York: W. W. Norton & Company Inc. (井村恒郎・小此木啓吾他訳『フロイト著作集6 自我論・不安本能論』人文書院, 1970.)

藤見幸雄 (2003) 心身二元論を超えて―ドリームボディとそのアプローチ―. 臨床心理学, **3**(3), 26-36.

藤見幸雄 (2005) 植物／昏睡状態の人に働きかけるコーマワーク―プロセスワークの新たな展開―. 臨床心理学, **5**(2), 228-233.

石倉健二 (2008) 心理リハビリテイションを活用した要介護高齢者の生活支援についての研究. 平成17～18年度科学研究費補助金（基盤研究（C））研究成果報告書.

石倉健二 (2010) 認知症者の「笑い」にみる自他理解―MMSE得点と照れ笑いの関係から―. 介護福祉学, **17**(2), 115-123.

Loveland, K. A. (1993) Autism, affordance and the self. In U. Neisser (Ed.), *The perceived self: Ecological and interpersonal sources of self-knowledge.* (pp. 237-253), Cambridge: Cambridge University Press.

Neisser, U. (1988) Five Kinds of Self-knowledge. *Philoshphical Psychology*, **1**(1), 35-59.

小澤勲 (1998) 痴呆老人からみた世界. 岩崎学術出版社.

Rochat, P. (2001) *The Infant's World*. Cambridge, Massachusetts, and London: Harvard University Press. (板倉昭二・開一夫監訳『乳児の世界』ミネルヴァ書房, 2004.)

Rochat, P., Striano, T., & Blatt, L. (2002) Differential effects of happy, neutral, and

sad still-faces on two-, four-, and siz-month-old infants. *Infant and Child Development.*, 11(4), 289-303.
竹中星郎 (1996) 老年精神科の臨床. 岩崎学術出版社.
Tomasello, M. & Michael. W. (1999) *The cultural origin of human cognition.* Harvard University Press.（大堀寿夫・中澤恒子・西村義樹・本多啓訳『心とことばの起源を探る：文化と認知』勁草書房，2006.）

初 出 一 覧

第2章　第1節の実験
KENJI ISHIKURA (1999) Relations between biased tonicity of the body and vertical judgement in poststroke hemiplegic persons. *Perceptual and Motor Skills*, 88, 952-956.

第2章　第2節の事例
石倉健二 (2001) 対人関係を拒絶する肢体不自由者の動作面接過程についての一考察．心理臨床学研究, **19** (5), 489-500.

第2章　第3節の事例
石倉健二 (1995) ある脳卒中後遺症者における心身活性化の獲得過程．リハビリテイション心理学研究, **21**, 19-27.

第3章　第1節の事例
石倉健二 (2000) 股関節脱臼を伴う脳性麻痺児の坐位動作訓練課程．特殊教育学研究, **37** (5), 45-51.

第3章　第2節の事例
石倉健二 (1999) 脳梗塞後遺症のある高齢者に対する動作法の適用事例．発達臨床心理研究, **4**, 1-7.

第4章　第2節の実験
石倉健二 (2010) 認知症高齢者の「笑い」にみる自他理解．介護福祉学, **17** (2), 115-123.

第4章　第3節の事例
石倉健二・眞保眞人・高橋信幸 (2005) 自閉症児と関与者の相互的対人行動について．長崎国際大学論叢, **5**, 213-221.

あ と が き

　本書は、九州大学に提出した博士論文「障害をもつ人達の原初的な『自己』の発達と統合に向けた心理的援助」を一部加筆修正したものである。刊行に際しては独立行政法人日本学術振興会平成27年度科学研究費助成事業（科学研究費補助金）（研究成果公開促進費　課題番号15HP5167）の交付を受けた。

　恩師である九州大学名誉教授大神英裕先生には、学部・大学院の在学中のみならず、大学教員となってからも多くのご指導とご示唆を与えていただきました。そして今日に至るまで、公私にわたりお世話になりましたことに厚く御礼申し上げます。また、大神先生ご退職後に、博士論文のご指導をいただいた九州大学名誉教授針塚進先生（中村学園大学）には、いつも熱い励ましとご助言をいただきましたおかげで無事に博士論文を提出できましたことに、改めて御礼を申し上げます。加えて大神研究室の皆様には、機会あるごとに多くのお力添えをいただいていることに深く感謝いたします。

　本書にまとめた事例や実験は、筆者が九州大学大学院在学中に行ったものも多くある上に、対象となる障害種も様々で、支援するための領域も医療・福祉・教育と多岐にわたっています。これまで、これらの関連する領域でご協力をいただいた多くの皆様に心より感謝申し上げます。

　文末ながら、本書刊行にあたってお世話になりました風間書房代表取締役風間敬子様とご担当いただきました下島結様に御礼申し上げます。

　　平成27年6月

石倉　健二

著者略歴

石倉健二（いしくら　けんじ）

1967年生まれ
1988年3月　名古屋大学医療技術短期大学部理学療法学科卒業（理学療法士）
1995年3月　九州大学大学院教育学研究科教育心理学専攻博士前期課程修了
1998年3月　九州大学大学院教育学研究科教育心理学専攻博士後期課程単位取得満期退学
1998年4月　九州大学教育学部助手
2000年4月　長崎国際大学人間社会学部社会福祉学科専任講師
2008年9月　兵庫教育大学大学院学校教育研究科特別支援教育専攻准教授
2010年9月　博士（心理学）（九州大学）
2015年4月　兵庫教育大学大学院学校教育研究科特別支援教育専攻教授

主な論文

肢体不自由特別支援学校におけるリハ職の活用と展望．『発達障害研究』第37巻第2号．2015．23-29．
認知症高齢者の「笑い」にみる自他理解．『介護福祉学』第17巻第2号．2010．115-123．
対人関係を拒絶する肢体不自由者の動作面接過程についての一考察．『心理臨床学研究』第19巻第5号．2001．489-500．

主な著書

「保護者との連携・関係機関との連携」柘植雅義編著『ポケット管理職講座特別支援教育』（教育開発研究所）2014．46-55．
「高齢障害者のための臨床動作法」成瀬吾策編『動作のこころ―臨床ケースに学ぶ』（誠信書房）2007．151-174．

障害児・者の原初的自己の発達と統合に向けた心理的援助

2015年11月15日　初版第1刷発行

著　者　　石　倉　健　二
発行者　　風　間　敬　子

発行所　　株式会社　風　間　書　房
〒101-0051　東京都千代田区神田神保町1-34
電話　03(3291)5729　FAX　03(3291)5757
振替　00110-5-1853

印刷　太平印刷社　　製本　高地製本所

©2015　Kenji Ishikura　　　　　　NDC分類：140
ISBN978-4-7599-2100-7　Printed in Japan
JCOPY〈(社)出版者著作権管理機構　委託出版物〉
本書の無断複製は，著作権法上での例外を除き禁じられています。複製される場合はそのつど事前に(社)出版者著作権管理機構（電話　03-3513-6969，FAX　03-3513-6979，e-mail: info@jcopy.or.jp）の許諾を得て下さい。